Teologia católica

e direitos humanos

SÉRIE PRINCÍPIOS DE TEOLOGIA CATÓLICA

inter
saberes

Teologia católica

e direitos humanos

Rafael de Mesquita Diehl

2ª edição

intersaberes

Rua Clara Vendramin, 58 . Mossunguê
CEP 81200-170 . Curitiba . PR . Brasil
Fone: (41) 2106-4170 . www.intersaberes.com . editora@intersaberes.com

Dados Internacionais de Catalogação na Publicação (CIP)
(Câmara Brasileira do Livro, SP, Brasil)

Diehl, Rafael de Mesquita
Teologia católica e direitos humanos / Rafael de Mesquita Diehl. -- 2. ed. -- Curitiba, PR : Intersaberes, 2024. -- (Série princípios de teologia católica)

Bibliografia.
ISBN 978-85-227-1300-4

1. Direitos humanos 2. Igreja Católica 3. Teologia católica I. Título. II. Série.

24-188990 CDD-261.7

Índices para catálogo sistemático:
1. Teologia católica : Direitos humanos : Cristianismo 261.7

Tábata Alves da Silva – Bibliotecária – CRB-8/9253

1ª edição, 2018.
2ª edição, 2024.
Foi feito o depósito legal.

Sumário

Quando contemplo o firmamento, obra de vossos dedos,
a lua e as estrelas que lá fixastes:

Que é o homem, digo-me então, para pensardes nele?
Que são os filhos de Adão, para que vos ocupeis com eles?

Entretanto, vós o fizestes quase igual aos anjos,
de glória e honra o coroastes.

Destes-lhe poder sobre as obras de vossas mãos,
vós lhe submetestes todo o universo.

Rebanhos e gados, e até os animais bravios, pássaros do céu e
peixes do mar, tudo o que se move nas águas do oceano.

Salmos 8,4-9

Dedico essa obra à minha esposa, Emiliane Dias Lima Diehl,
que auxiliou, com a constância de suas preces e a renúncia
da companhia de muitas horas, na realização deste texto.

Agradeço, primeiramente, a Deus e a todos os santos por todas as graças que recebi. Mesmo aqueles talentos que julgamos serem nossos, devemos tê-los na conta de dons concedidos pelo Criador em Sua inefável e gratuita bondade.

Em segundo lugar, agradeço a toda a minha família pelo apoio: meus pais, Cesar Aloisio Diehl e Evalda Maria de Mesquita Diehl; meu irmão, Daniel de Mesquita Diehl; e minha esposa, Emiliane Dias Lima Diehl, por todo o apoio moral e material.

Não poderia deixar de mencionar também toda a família dos meus sogros, João Pereira Lima e Aparecida Dias Lima, pela paciência e compreensão com o tempo que este trabalho demandou.

Por fim, agradeço a todos os sacerdotes que me orientaram, com apoio, críticas e sugestões que ajudaram a finalizar essa obra.

Apresentação

O objetivo desta obra é estabelecer uma relação entre a teologia católica e os direitos humanos, apontando para uma dimensão centrada nos temas da atualidade e nas questões práticas. Para tanto, nos serviremos de alguns eixos: entender a peculiaridade e a importância do ser humano; entender a formação histórica dos princípios e da atual configuração dos diferentes tipos de direitos humanos; entender o papel da Igreja Católica e sua teologia na defesa teórica e prática dos direitos humanos no mundo de hoje.

O ser humano foi percebendo, ao longo da história, sua posição singular dentro do mundo. Assim, vários pensadores buscaram entender o que tornava o homem um ser diferente dos demais seres vivos e os motivos que o tornaram capaz de grandes prodígios, de ações tão nobres e, ao mesmo tempo, de ideias e ações tão perversas. Em meio a isso, a Revelação Divina buscou apresentar a relação entre o homem e Deus como a chave para entender esse dilema. No Capítulo 1, portanto, abordaremos as principais concepções de *natureza humana, pessoa humana* e *direitos humanos*.

Apesar de sua enorme importância, os direitos humanos levaram muitos séculos para serem completamente delimitados e explicitados. Contudo, ainda hoje eles são sumariamente ignorados em muitas partes do mundo. Por essa razão, traçamos aqui um histórico do desenvolvimento das bases teóricas e práticas do que se convencionou chamar de *direitos humanos* até os tempos atuais. Essa breve exposição histórica será o objeto de estudo do Capítulo 2.

Os direitos humanos são primordialmente princípios que protegem a dignidade e a vida do ser humano. Entretanto, para a finalidade de estudo e aplicação prática, eles costumam ser divididos em várias categorias, que dizem respeito às diferentes dimensões da vida humana e sua interação com a sociedade e o mundo que a rodeia. Trataremos dos vários tipos ou categorias de direitos humanos no Capítulo 3.

A reflexão que a Igreja Católica fez, por meio de vários teólogos e de seu ensino oficial (isto é, o Magistério da Igreja), durante vários séculos, é o que fundamenta a visão dessa instituição acerca da dignidade do ser humano e de seus direitos. Portanto, ainda no Capítulo 3, abordaremos os fundamentos dos direitos humanos na Bíblia, na teologia e filosofia cristãs, bem como no Magistério da Igreja.

Algumas questões dos direitos humanos estão em maior evidência atualmente, em virtude do grande número de ocorrências em que esses direitos são desrespeitados na prática, ou quando são rejeitados por parte de teorias e ideologias difundidas em meios acadêmicos, culturais, políticos ou outras instituições. No Capítulo 4, apresentamos a posição da Igreja Católica perante as questões mais atuais dos direitos humanos.

Mas não basta conhecer os direitos humanos; cumpre garantir que eles sejam assegurados na prática. Nos Capítulos 5 e 6, portanto, apontamos algumas questões de ordem prática, inspiradas na ação da Igreja, para a defesa dos direitos humanos no mundo de hoje.

Por meio desta obra, pretendemos que você, caro leitor, possa ampliar seus conhecimentos sobre a posição da Igreja Católica em relação aos direitos humanos e também refletir sobre seu próprio papel na defesa e na promoção prática desses direitos no cotidiano em seu convívio, social, eclesial, familiar e profissional.

Como aproveitar ao máximo este livro

Empregamos nesta obra recursos que visam enriquecer seu aprendizado, facilitar a compreensão dos conteúdos e tornar a leitura mais dinâmica. Conheça a seguir cada uma dessas ferramentas e saiba como elas estão distribuídas no decorrer deste livro para bem aproveitá-las.

Os direitos humanos se encontram formados, em sua atual formulação, por uma soma de processos históricos. Ao longo dos séculos, vários problemas foram apresentados, com relação aos tratamentos e direitos dos seres humanos na sociedade. Você sabia que muitas situações de opressão e injustiças, como a escravidão, a exploração colonial, os conflitos étnicos e a arbitrariedades de sistemas de governo, contribuíram para o desenvolvimento mais pormenorizado dos direitos humanos?

Introdução do capítulo

Logo na abertura do capítulo, informamos os temas de estudo e os objetivos de aprendizagem que serão nele abrangidos, fazendo considerações preliminares sobre as temáticas em foco.

Síntese

Caro leitor, explicitamos neste capítulo que existem vários conceitos de natureza humana, uns baseados na razão, outros nos sentimentos, outros ainda na capacidade de transformar a matéria pelo trabalho etc. Algumas concepções de natureza humana veem somente o aspecto material (o homem é só corpo, matéria), outras consideram o aspecto espiritual em contraponto com o aspecto material (o homem é um espírito aprisionado em um corpo) e outras a consideram uma unidade material e espiritual (o homem é uma pessoa dotada de corpo e alma). Você deve ter percebido que alguns desses conceitos focam mais em algum aspecto ou capacidade do ser humano que em sua totalidade para definir o que é essencial a ele. É importante que você lembre desses conceitos quando tratarmos da concepção cristã de *ser humano* no Capítulo 4.

Passamos também pelo conceito de pessoa, o qual, por influência da filosofia grega, do pensamento jurídico romano e dos debates teológicos dos primeiros séculos do cristianismo, acabou se cristalizando como a ideia de um ser relacional, que é sujeito de direitos e deveres. Nesse caso, é importante não esquecer que a noção de *pessoa* é mais ampla que a de *indivíduo* (um conceito que não considera tanto a dimensão relacional).

Por fim, tratamos dos direitos humanos, que são direitos intrínsecos ao homem, ou seja, derivam da dignidade da pessoa humana e não simplesmente da vontade do legislador. Pudemos destacar que a consolidação da ideia de que existem direitos universais a todos os seres humanos só foi possível graças a longas reflexões filosóficas sobre o que define o ser humano e o que o torna tão especial diante dos demais seres vivos.

Síntese:

Ao final de cada capítulo, relacionamos as principais informações nele abordadas a fim de que você avalie as conclusões a que chegou, confirmando-as ou redefinindo-as.

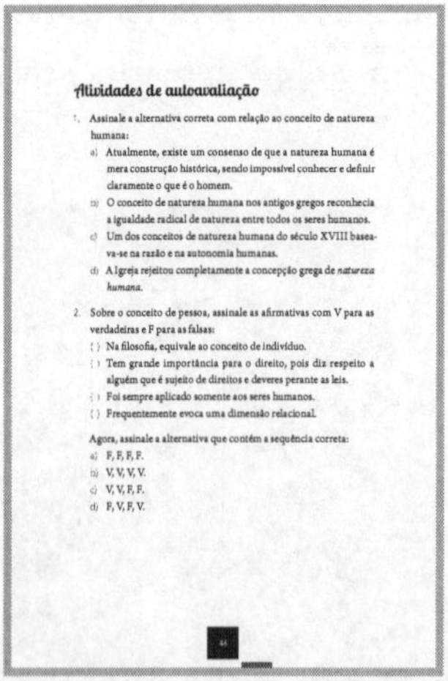

Atividades de autoavaliação

1. Assinale a alternativa correta com relação ao conceito de natureza humana:
   a) Atualmente, existe um consenso de que a natureza humana é mera construção histórica, sendo impossível conhecer e definir claramente o que é o homem.
   b) O conceito de natureza humana nos antigos gregos reconhecia a igualdade radical de natureza entre todos os seres humanos.
   c) Um dos conceitos de natureza humana do século XVIII baseava-se na razão e na autonomia humanas.
   d) A Igreja rejeitou completamente a concepção grega de *natureza humana*.

2. Sobre o conceito de pessoa, assinale as afirmativas com V para as verdadeiras e F para as falsas:
   ( ) Na filosofia, equivale ao conceito de indivíduo.
   ( ) Tem grande importância para o direito, pois diz respeito a alguém que é sujeito de direitos e deveres perante as leis.
   ( ) Foi sempre aplicado somente aos seres humanos.
   ( ) Frequentemente evoca uma dimensão relacional.

   Agora, assinale a alternativa que contém a sequência correta:
   a) F, F, F, F.
   b) V, V, V, V.
   c) V, V, F, F.
   d) F, V, F, V.

Atividades de autoavaliação

Apresentamos estas questões objetivas para que você verifique o grau de assimilação dos conceitos examinados, motivando-se a progredir em seus estudos.

Atividades de aprendizagem

Questões para reflexão

1. As divisões políticas entre esquerda e direita surgem da difícil equação entre valorização da liberdade (diminuição do poder do Estado) e a promoção da igualdade (por meio de políticas públicas). Qual dos dois extremos parece ser mais comum hoje em dia no contexto brasileiro? Em sua opinião, existe um perigo de extremismo nas posições políticas do Brasil hoje? Esse fenômeno ameaça os direitos humanos? Justifique.
2. A ação legislativa e política é suficiente para a garantia dos direitos humanos na sociedade? Quais são as alternativas? Explique com exemplos.

Atividades aplicadas: prática

1. Leia o Pacto Internacional sobre Direitos Civis e Políticos, Decreto n. 592/1992 (Brasil, 1992b), e investigue se ele está sendo posto em prática na sociedade brasileira. Elenque três aspectos que você considera estar em discordância com o pacto.
2. Leia o Pacto Internacional sobre Direitos Econômicos, Sociais e Culturais, Decreto n. 591/1992 (Brasil, 1992b), e tente observar qual o conceito de cultura contido nesse texto e o que pode ser feito, no âmbito cotidiano, para facilitar o acesso a ela. Em seguida, aponte três atitudes práticas que você considera importantes para facilitar o acesso das pessoas à cultura.

121

Atividades de aprendizagem

Aqui apresentamos questões que aproximam conhecimentos teóricos e práticos a fim de que você analise criticamente determinado assunto.

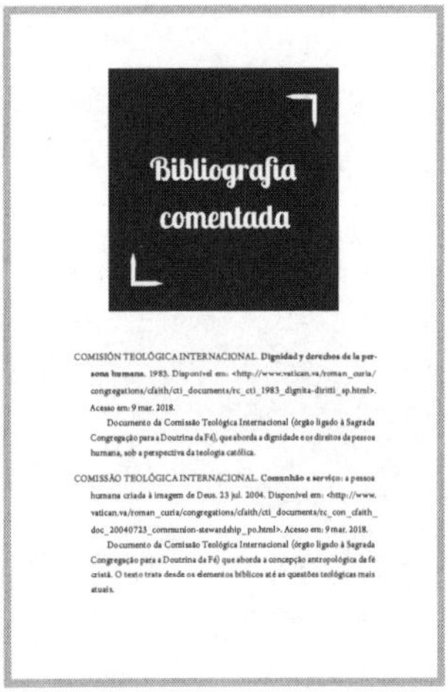

Bibliografia comentada

COMISIÓN TEOLÓGICA INTERNACIONAL. **Dignidad y derechos de la persona humana**. 1983. Disponível em: <http://www.vatican.va/roman_curia/congregations/cfaith/cti_documents/rc_cti_1983_dignita-diritti_sp.html>. Acesso em: 9 mar. 2018.

Documento da Comissão Teológica Internacional (órgão ligado à Sagrada Congregação para a Doutrina da Fé), que aborda a dignidade e os direitos da pessoa humana, sob a perspectiva da teologia católica.

COMISSÃO TEOLÓGICA INTERNACIONAL. **Comunhão e serviço**: a pessoa humana criada à imagem de Deus. 23 jul. 2004. Disponível em: <http://www.vatican.va/roman_curia/congregations/cfaith/cti_documents/rc_con_cfaith_doc_20040723_communion-stewardship_po.html>. Acesso em: 9 mar. 2018.

Documento da Comissão Teológica Internacional (órgão ligado à Sagrada Congregação para a Doutrina da Fé) que aborda a concepção antropológica da fé cristã. O texto trata desde os elementos bíblicos até as questões teológicas mais atuais.

Bibliografia comentada

Nesta seção, comentamos algumas obras de referência para o estudo dos temas examinados ao longo do livro.

Introdução

O extremismo das posições políticas e ideológicas, que caracterizou grande parte do século XX, trouxe a temática dos direitos humanos para o centro do debate político, filosófico e jurídico dos anos que se seguiram a ele. A busca pela definição de direitos inerentes a todos os seres humanos teve como resultado a Declaração Universal dos Direitos Humanos, adotada em 1948 pela Organização das Nações Unidas (ONU, 1948). Nela, foi definida uma lista de direitos que os líderes das nações deveriam garantir a todas as pessoas.

A Declaração de 1948 foi um ponto importante na história da luta em defesa da dignidade da pessoa humana, mas não foi seu ponto final. Mesmo após os horrores do Holocausto, a humanidade continuou a presenciar guerras, genocídios, exploração e outras atrocidades, muitas vezes organizadas e pretensamente justificadas, em diversas partes do globo. Ao mesmo tempo, vários países promoveram uma série de normas e estudos visando ampliar a garantia dos direitos humanos a seus cidadãos.

O início do século XXI, contudo, trouxe nova tônica à questão dos direitos humanos: com medo de estar sob influência do fantasma do extremismo, muitos pensadores, ideólogos e movimentos políticos deixaram-se levar por uma relativização exacerbada que ameaça colocar em xeque os direitos humanos. Questões como os limites éticos em torno da vida humana, o papel da família na sociedade, a relação do ser humano com o meio ambiente e a tensão entre a autovalorização e a alteridade nos movimentos migratórios costumam acalorar os debates acadêmicos e políticos e as conversas do convívio cotidiano de nosso tempo.

Embora sejam uma realidade filosófica e jurídica geralmente aceita pela maioria das pessoas, das mais instruídas às mais simples, em grande parte do mundo atual os direitos humanos levaram bastante tempo para se consolidar em sua definição e classificação. Essa consolidação deriva do esforço (nem sempre conjunto e intencional) de várias correntes de pensamento em buscar entender o homem, suas capacidades, suas aptidões, seus direitos e deveres. Nesse ponto, incluem-se diversas religiões que buscaram valorizar o ser humano em sua dimensão solidária e fraterna. Nesse contexto, destacam-se as contribuições teológicas e filosóficas do cristianismo e, em nosso caso especial, a atuação teórica e prática da Igreja Católica em favor da dignidade humana. É claro que essa formação histórica não ocorreu em trajetória linear, pois muitas visões de mundo divergiam da concepção cristã no que diz respeito à natureza e à pessoa humanas; consequentemente, muitas formulações dos direitos do homem foram, em determinadas estruturações, vistas com ressalvas pela Igreja.

O diálogo com o mundo moderno promovido pelo Concílio Vaticano II, nas décadas de 1960 e 1970, deu vias para que a Igreja buscasse conciliar sua visão e doutrina a uma série de ideias veiculadas pela modernidade, entre elas a relacionada aos direitos humanos, conforme estruturados pela ONU em 1948. Entretanto, a Igreja mantém sua postura crítica quando iniciativas políticas, acadêmicas ou de outras organizações buscam relativizar esses direitos, como quando querem promover o aborto e a banalização da sexualidade humana ou quando combatem a expressão pública de símbolos, convicções e práticas religiosas.

1

Natureza humana, pessoa humana e direitos humanos[1]

1 Todas as passagens bíblicas indicadas neste capítulo são citações de Bíblia (2011).

Primeiramente, precisamos esclarecer quem é o sujeito desses direitos, definindo a natureza humana, a pessoa humana e o que são os direitos humanos propriamente ditos. Esses são os conteúdos deste capítulo. A definição dos conceitos, embora possa parecer algo óbvio em um primeiro olhar, pode nos ajudar a ter clareza e convicção nas ideias.

1.1 O conceito de natureza humana

Muitos conceitos que aplicamos corriqueiramente em nossa linguagem e em nossas conversas, nos mais variados ambientes, frequentemente têm um uso mais simplificado. Muitas vezes utilizamos como sinônimos palavras que não o são quando empregadas em um sentido mais preciso. Com o vocábulo *natureza* não é diferente, pois a relacionamos ao significado de mundo físico e o que o compõe: a terra, a água, o clima, os diferentes seres vivos etc.

Para a filosofia, o termo *natureza* (*physis*, em grego, ou *natura*, em latim) apresenta um significado ligeiramente diferente. Os filósofos gregos pré-socráticos (dos séculos VI a.C.-IV a.C.) utilizavam o termo *natureza* como sendo "a própria matéria de algo" ou, mais comumente, "o princípio que dava vida e movimento a todas as coisas existentes" (Abbagnano, 2007, p. 699). Já os filósofos de tradição socrática, isto é, os que partiram das reflexões de Sócrates (469 a.C.-399 a.C.), por volta do século IV a.C., embora se utilizassem do conceito antigo, passaram a definir, desde Aristóteles (384 a.C.-322 a.C.), *natureza* como a substância ou essência de alguma coisa. Por fim, para os filósofos estoicos (séc. III a.C.-II a.C.), o termo poderia designar a causa de algo ou a substância/essência necessária de algo. Simplificando, para os filósofos gregos, desde os estoicos (quando o conceito já apresenta uma definição mais clara), *natureza* designa aquilo que é necessário e essencial para que uma coisa seja aquilo que é. O sentido de *natureza* mais comumente utilizado como o conjunto das coisas existentes no mundo foi aplicado com mais frequência na filosofia ocidental a partir do século XV d.C. (Abbagnano, 2007).

O conceito de natureza pode ter, portanto, vários usos na linguagem filosófica, mas para a definição da expressão *natureza humana*, que propomos analisar no presente capítulo, cumpre sabermos o significado do termo entre os antigos filósofos gregos, pois foi nesse sentido que se utilizou essa palavra para compor a dita expressão.

Tendo em vista o significado filosófico do termo *natureza*, podemos afirmar que, quando falam em *natureza humana*, filósofos, teólogos e outros pensadores (antigos e da atualidade) estão buscando uma definição daquilo que é comum e essencial a todos os homens, distinguindo estes dos outros seres.

Segundo Reale e Antiseri (2003), Daneli (2005) e Ferreira (2008), os primeiros filósofos a pensarem sobre a natureza humana de uma forma mais explícita foram os gregos da linha socrática. Se Sócrates havia identificado o homem com sua própria alma, os pensadores que o seguiram basearam sua definição nos conceitos de **alma** (*psyché*, em grego, *anima*, em latim)[2] e **corpo** (*soma*, em grego, *corpus*, em latim). Para Platão, o homem seria constituído de corpo e alma, sendo que o corpo era uma espécie de prisão da alma. A alma seria responsável pelas funções inteligíveis (pensamento, razão, reflexão), enquanto o corpo seria responsável pelas funções sensíveis (sentidos, sensações etc.). Dessa forma, Reale e Antiseri (2003) frisam que o dualismo platônico não é radical, no sentido de associar somente o mau ao corpo e o bem à alma, mas considera a alma superior ao corpo. Se, para Platão (ca. 428 a.C.-ca. 347 a.C.), a filosofia consistia na preparação para a morte, esta se dava não em forma de agir violento contra o corpo e a

2 Para os gregos, enquanto o corpo designava o corpo material, físico, a alma designava o princípio vivificador, aquilo que dava vida aos seres. Nesse sentido, *alma* não é sinônimo de *espírito* (Abbagnano, 2007; Ferreira, 2008; CIC, 1992; Coelho, 2016).

matéria, mas na fuga do mal do mundo através da virtude e do conhecimento[3] (Reale; Antiseri, 2003). Para Platão, a alma era constituída de uma parte superior, ligada ao intelecto, e uma parte inferior, ligada ao irascível e aos apetites ou desejos sensíveis. Para que o homem agisse corretamente, a parte racional da alma deveria controlar a parte irracional. Entretanto, apesar desses elementos comuns, o filósofo acreditava que havia desigualdades naturais entre os homens, posto que entendia a palavra *virtude* (*arethê*) em um sentido mais funcional, sendo que cada homem nascia com aptidão maior para alguma função ou ofício: alguns mais propensos à atividade intelectual, outros ao trabalho manual, e outros, ainda, à guerra. A realização do homem e da sociedade, na qual ele se inseria, dependia de que cada um se dedicasse com afinco à questão para a qual havia nascido com maior aptidão (Bastos, 2013).

Aristóteles também baseou sua concepção de natureza humana nos conceitos de alma e corpo, mas buscou harmonizá-los, considerando a alma como "forma do corpo". Outra diferença com relação a Platão é que Aristóteles considerava ser possível adquirir virtudes por meio dos hábitos, apresentando uma visão de virtude mais ampla que a platônica. Apesar das diferentes concepções de alma e corpo e da relação entre ambos, podemos dizer que as concepções platônica, aristotélica e estoica lidavam com a ideia da existência de uma alma e de um corpo, e da capacidade do uso da razão ou intelecto para conhecer-se e desenvolver-se (Daneli, 2005).

Embora os filósofos gregos tenham estabelecido de forma mais nítida conceitos de natureza humana, podemos auferir uma noção implícita do mesmo conceito em algumas religiões de origem oriental

3 "[...] fugir do corpo significa fugir do mal do corpo mediante a virtude e o conhecimento; fugir do mundo significa fugir do mal que o mundo representa, sempre realizando essa fuga pela virtude e pelo conhecimento; praticar a virtude e dedicar-se ao conhecimento significa tornar-se semelhante a Deus, o qual, como se afirma nas Leis, é 'medida' de todas as coisas" (Reale; Antiseri, 2003).

na Antiguidade. Para os antigos hindus, o elemento espiritual era considerado a parte mais importante do homem, haja vista que a vida física estava sujeita ao *samsara*, o ciclo de mortes e reencarnações que continuaria até o indivíduo alcançar sua união com o Ser divino. Entretanto, a sociedade dividiu-se por volta de 2000 a.C. em castas fechadas, determinadas por nascimento e baseadas em uma crença religiosa de que o deus Brahma haveria criado os homens de diferentes origens: os brâmanes (sacerdotes) teriam sido criados pela boca da divindade; os xátrias (guerreiros), por seus braços; os vaixás (mercadores, lavradores), por suas pernas; e os sudras (servos e escravos), pelos pés do deus. Assim, a concepção de *homem* (*ser humano*) dos antigos hindus mitigava a ideia de uma igualdade natural e legitimava direitos e privilégios distintos para as diferentes castas na sociedade humana dos antigos reinos da Índia (Campos Neto, 2009).

Para a religião budista, surgida na Índia por volta do século VI a.C., o ser humano seria caracterizado, conforme Motta e Rocha Júnior (2011), por três aspectos: (1) temporalidade, pois está sempre em processo de mudança; (2) desprendimento, conjunto de atributos associados ao corpo e à personalidade, são mortais e estão em permanente transformação; e (3) insatisfação, sofrimento oriundo do egoísmo. Para o budismo, a Iluminação (*nirvana*, em sânscrito) seria a meta do homem: alcançar um estado de consciência que o fizesse perceber as ilusões materiais e desapegar-se dos desejos, que são a causa do sofrimento. Em ambas as religiões indianas, hinduísmo e budismo, a natureza humana parece definir-se mais pelo aspecto espiritual do que pelo aspecto físico, material e corpóreo.

A tradição hebraica concebia o homem como uma unidade, formada de alma espiritual e corpo carnal (Motta; Rocha Júnior, 2011; Ferreira, 2008). O cristianismo uniu a concepção grega e a hebraica, compreendendo o homem como um ser dotado de corpo material e uma alma racional e espiritual, tendo como fonte comum o mesmo Criador, Deus[4]. No período do Renascimento, a concepção de *natureza humana* apresentou algumas rupturas com a visão cristã, uma vez que os humanistas valorizavam mais os aspectos da liberdade e da criatividade humanas, enquanto os reformadores protestantes, especialmente Martinho Lutero (1483-1546) e João Calvino (1509-1564), valorizavam mais o aspecto espiritual e a fé, não concebendo o livre-arbítrio humano como algo absoluto.

Alguns pensadores do período moderno (séculos XVI-XVIII) e do período iluminista (século XVIII) conceberam diferentes ideias sobre a natureza humana. O francês Jean-Jacques Rousseau (1712-1778) considerava que a natureza humana é constituída daqueles atributos do homem em seu **estado de natureza**, isto é, desconsiderando-se as transformações geradas pela sociedade e pelo desenvolvimento da civilização. Rousseau via o homem como constituído de espírito (responsável pela vida, sentimentos, virtudes, defeitos etc.) e corpo físico. O que distinguiria os homens dos outros animais seriam antes os sentimentos em vez da razão. O ser humano estaria dotado de características, como liberdade e capacidade de aperfeiçoamento (individual e coletivo), que resultariam originalmente dos sentimentos primordiais de desejo, medo, aceitação e rejeição. A compaixão pelo outro devia-se, na ótica rousseauniana, mais ao sentir e ao identificar-se com o sofrimento alheio que a uma racionalização acerca do mal que o outro sofre (Daneli, 2005; Serrão, 2000).

O alemão Immanuel Kant (1724-1804) concebia o homem não como uma natureza essencial, mas como alguém que, pelo aperfeiçoamento pessoal, poderia criar seu próprio caráter. O que caracterizaria o ser humano, portanto, seria sua potencialidade de aperfeiçoamento. Segundo o filósofo alemão, essa potencialidade se manifestaria por

4 Não nos deteremos muito na concepção judaico-cristã, pois esta será abordada de forma mais detalhada no Capítulo 4.

meio da razão, que dá a cada ser humano autonomia para conhecer e aperfeiçoar a si mesmo. Esse aperfeiçoamento, entretanto, não seria linear, mas sim um processo conflituoso, resultante da tensão "entre a lei da liberdade e o desejo do ilícito" (Serrão, 2000, p. 146). Percebemos, assim, que o pensamento de Kant estava mais próximo da mentalidade dominante entre os iluministas, os quais, em geral, apontavam a razão como a capacidade mais nobre do ser humano e como elemento que o distinguia dos demais seres vivos.

No século XIX o alemão Karl Marx (1818-1883), fundador do socialismo científico ou comunismo, conceituou a natureza humana com base no trabalho. Embora considerasse a consciência um elemento dos seres humanos, Marx acreditava que o fator que diferenciava os seres humanos dos outros animais era a capacidade de produzir seus meios de existência (economia). O pensador alemão raciocinava com uma lógica materialista histórica, isto é, via as condições materiais e econômicas do homem como determinantes sobre a consciência, as ideologias, as religiões etc. (Daneli, 2005).

Hoje em dia, muitos pensadores não acreditam na existência de uma natureza humana comum a todos os homens, pois consideram o homem um ser em contínua construção histórica. Dessa forma, muitos filósofos do século XX e XXI julgam o conceito de natureza humana uma mera construção social. Contudo, é importante frisar que as diferentes visões sobre a natureza humana – sejam pautadas na ideia da *razão*, sejam pautadas na capacidade de aperfeiçoamento moral, nos sentimentos ou na capacidade produtiva – foram fundamentais para o desenvolvimento da ideia de *direitos humanos*.

Resumindo, podemos listar as definições de ***natureza humana*** nas diferentes épocas da seguinte maneira:

- **Filósofos gregos** – O homem é formado por corpo e alma e distingue-se dos outros animais pelo uso da razão. Realiza-se na prática das virtudes.

- **Hinduísmo e budismo** – O homem é predominantemente um espírito em constante mutação de corpo e personalidade, por ação do ciclo de mortes e reencarnações. Realiza-se na união com a divindade (hinduísmo) ou pela iluminação e desapego material (budismo).
- **Religião hebraica** – O homem é um ser criado por Deus, uma unidade de corpo e alma, e tem um local de destaque na Criação. Realiza-se na obediência a Deus.
- **Cristianismo** – O homem é um ser criado por Deus em corpo e alma, chamado à comunhão com Deus. Realiza-se na vida de santidade, unido a Deus.
- **Iluminismo** – O homem é um ser que se distingue dos demais animais por seus sentimentos e sua capacidade de aperfeiçoamento pessoal. Realiza-se no aperfeiçoamento pessoal, possibilitado pela autonomia e pelo uso da razão.
- **Marxismo** – O homem é um ser que se distingue dos animais por sua capacidade produtiva. A realização do homem é material.

1.2 O conceito de pessoa humana

A pessoa humana é o sujeito dos direitos humanos. Logo, é importante definirmos com clareza o conceito de **pessoa humana**. Primeiramente, deve estar claro que o conceito de **pessoa** é ligeiramente distinto do conceito de **indivíduo**. Em termos filosóficos, *indivíduo* é "aquilo que não pode ser dividido" (Boécio, citado por Abbagnano, 2007, p. 555). Logo, o conceito de indivíduo é mais interno, ligado à indivisibilidade de algo ou alguém. Entendemos que um homem é um indivíduo, por exemplo, quando admitimos que, embora ele possa ser fisicamente desmembrado, não se divide em vários seres, mas continua sendo um único ser.

Por outro lado, *pessoa* é um termo relacional, pois seu entendimento considera a relação de alguém com o mundo e os outros seres que o rodeiam. De fato, o termo grego *prosopon* e o latino *persona* eram entendidos inicialmente pelos antigos gregos e romanos como "a máscara de uma personagem, usada por um ator de teatro", que depois identificaram o termo com o papel desempenhado pelo ator na peça. Contudo, na filosofia grega pré-socrática e socrática, o termo *pessoa* não foi muito discutido (Leite, 2016).

Durante o período helenístico (entre os séculos IV a.C.-II a.C.), os filósofos estoicos estabeleceram uma diferenciação entre os termos *prosopon* e *hypostasis*, para designar respectivamente a **personalidade** e a **pessoa**. Enquanto *prosopon* definia as características visíveis do homem e seu comportamento externo em sociedade, *hypostasis* significava a dimensão mais interior, subjetiva e singular de cada homem, mas também a substância que o caracterizaria como membro do gênero humano. Assim sendo, os estoicos sustentavam uma igualdade entre os homens, na medida em que todos eram considerados *pessoas*.

Para os juristas romanos, havia na sociedade três elementos a serem analisados pelo direito: *personae* (pessoas), *res* (coisas) e *actiones* (ações). Entretanto, nas leis do período ainda permanecia forte a noção de *pessoa* como papel ou função social, haja vista que os direitos eram conformes à posição social do indivíduo enquanto cidadão (*politai*, em grego, ou *ciues*, em latim) ou detentor de algum cargo ou ofício político, jurídico ou religioso (Leite, 2016). Dessa forma, o termo só era aplicado aos homens livres e não era visto como uma característica intrínseca do ser humano, mas uma atribuição dada pelo direito positivo (as leis criadas pelos homens). Além do mais, na linguagem jurídica, a palavra designava um sujeito de direitos e deveres, podendo ser aplicada a Estados, instituições e organizações, tal como aparece na expressão moderna *pessoa jurídica*, para qualificar empresas e outras instituições.

O desenvolvimento filosófico do conceito de pessoa iniciou-se com maior intensidade entre os pensadores da patrística cristã, como suporte teórico para auxiliar nas reflexões teológicas e dogmáticas acerca da Trindade e da cristologia. O conceito teve de ser melhor definido para precisar o dogma trinitário – um único Deus em três Pessoas distintas –, bem como a existência de duas naturezas (humana e divina) na única Pessoa do Logos divino, o Cristo.

A linha de raciocínio dos Padres da Igreja[5] seguia na direção de ver na pessoa características de unicidade e elementos relacionais. No século III d.C., Tertuliano, um dos Padres, definiu *persona* como a existência real de uma individualidade distinta que se relaciona com outrem, isto é, de um *eu* com um *tu* (Leite, 2016). Em uma linha semelhante, Agostinho de Hipona (354 d.C.-430 d.C.), no século IV, ressaltou a individualidade e a subjetividade da pessoa com base nas características da inteligência, da memória e da vontade. Dessa reflexão cristã resultou o conceito clássico de Boécio no século VI d.C., que, segundo Leite (2016), definia *pessoa* como "substância individual de natureza racional" (*Personae proprie dicitur naturae rationalis individua substantia*, em latim). Boécio fundiu os conceitos de *prosopon* e *hypostasis* (herdados da reflexão estoica) em sua definição de *persona*, ao fundamentar a individualidade e a singularidade da pessoa na razão, associando-a à substância (Rebouças; Parente, 2013).

Segundo Rebouças e Parente (2013), a influência da concepção mais unitária da tradição hebraica que não entendia corpo e alma como um dualismo antagônico influenciou o desenvolvimento do conceito cristão de pessoa, unindo os aspectos exteriores (*prosopon*) e interiores

5 Chamamos de *Padres da Igreja* os homens de saber, clérigos ou leigos, que tiveram importância na sistematização e na consolidação da doutrina cristã por meio de seus escritos nos primeiros séculos da Igreja.

(*hypostasis*). No século XIII, Santo Tomás de Aquino (1225-1274) conceituou *persona* como o ser humano em sua totalidade de corpo e alma, vendo uma unidade entre o corpo material e a alma espiritual, entre o agir do homem e sua interioridade. O que, contudo, não muda entre os pensadores cristãos da patrística antiga e da escolástica medieval é a visão de pessoa humana criada à imagem e semelhança de um Deus que é também pessoal.

No Renascimento, as ideias humanistas realçavam a centralidade do ser humano no universo e seu potencial criador ou inventor. O humanista italiano Giovanni Pico della Mirandola (1463-1494), por exemplo, via o homem como centro do universo, não apenas em sentido físico, mas também ontológico, pois, para ele, o homem estava diante do mundo que o cerca, com uma grande possibilidade de escolhas e direções que seriam determinadas por cada pessoa (Leite, 2016). O humanismo, embora não totalmente desvinculado de concepções cristãs e enunciados teológicos, buscou conceituar a pessoa humana com base nela mesma, não mais partindo da divindade, como referencial ou fundamento (Serrão, 2000; Leite, 2016).

A máxima do filósofo francês René Descartes (1596-1650), "*Cogito ergo sum*" ("Penso, logo, existo"), evidencia um deslocamento da reflexão filosófica, com base na interioridade da razão humana e sua capacidade reflexiva, como ponto de partida para entender o homem inserido no universo que o cerca. Assim, acentuam-se as dimensões subjetiva e racional da pessoa humana (Serrão, 2000; Leite, 2016).

A valorização da razão humana foi elemento importante para os iluministas do século XVIII. Immanuel Kant (1724-1804) definiu *pessoa* com base em sua capacidade de autonomia, vendo a pessoa humana como autorreferencial e como um fim em si mesma, desvinculada de pressupostos jurídicos ou teológicos. O homem seria, portanto, uma pessoa por ter uso da razão, da liberdade de escolha, da autoconsciência e da capacidade de autodomínio. Essa é, portanto, uma ideia de *pessoa* com tendência mais individualista (Leite, 2016). O conceito kantiano de *pessoa* influenciou a concepção filosófica e jurídica da modernidade, embora sua visão não tenha sido única e nem inconteste no debate filosófico dos séculos seguintes (Serrão, 2000; Leite, 2016).

No século XIX, o filósofo alemão Georg Hegel (1770-1831) definiu a pessoa humana por sua capacidade jurídica de ser portadora de direitos e deveres e, portanto, salientou uma visão mais universalista e menos individualista. Por outro lado, outros pensadores do século XIX acentuaram a subjetividade do homem, vendo o ser humano como um criador de valores, sendo a moralidade e a lei criações, frutos da vontade humana. Nesse sentido, o pensamento dominante da filosofia ocidental do século XIX acabou, por sua valorização da subjetividade, fortalecendo igualmente a lógica individualista (Leite, 2016).

Em contraste com as correntes filosóficas valorizadoras da indivi dualidade e da liberdade, o século XIX testemunhou, entretanto, modelos jurídicos e políticos que promoviam, na prática, a desigualdade (ausência de proteção legal, em alguns países, a alguns tipos de trabalhos ou classes sociais, domínio colonialista de países europeus sobre povos africanos e asiáticos), além do crescimento de discursos de pretensão científica que buscavam legitimar a desigualdade étnica e racial promovida pelo neocolonialismo europeu. O desaparecimento paulatino da escravidão nas sociedades ocidentais deu lugar a explorações de natureza política, jurídica e social baseadas não mais na ideia de posse, mas na noção de superioridade étnica e racial, sob os eufemismos de "tutela" ou "proteção" (Doig K., 1994; Magnoli, 2009).

No século XX, houve várias reflexões que caminhavam no sentido de desconstrução de conceitos, vistos muitas vezes como definições arbitrárias e excludentes. Nesse contexto, os filósofos existencialistas privilegiavam a existência concreta do ser humano, em contraposição à sua essência abstrata. Viam a unicidade de cada pessoa humana radicada na singularidade da experiência da vida pessoal, que não podia ser repetida. Assim, essa linha de pensamento contribuiu para a valorização da dimensão relacional da pessoa, ao acentuar a experiência de vida resultante da interação da pessoa com o mundo e com as outras pessoas (Barbosa, 2018; Rebouças; Parente, 2013; Santos, 2016).

Na contramão dessas visões valorizadoras da experiência e relação com o outro, o século XX assistiu à ascensão de diversas ideologias promotoras do ódio racial, político ou social, que despersonificavam e desumanizavam aqueles que eram considerados inimigos de suas teses ou projetos políticos. O símbolo máximo dessas dimensões despersonificadoras foram os campos de concentração e os extermínios em massa perpetuados pelos regimes fascistas, nazistas e comunistas.

Atualmente, embora o conceito de natureza humana esteja, como esclarecemos anteriormente, sendo questionado por vários pensadores, a ideia que permanece no direito acerca de pessoa humana é a síntese entre o pensamento cristão e o ideal da modernidade: vendo cada ser humano como pessoa única, sujeito de direitos e deveres, com uma dignidade e valor intrínsecos. Essa visão é a que aparece na Declaração Universal dos Direitos Humanos, de 10 de dezembro de 1948 (ONU, 1948) e também em grande parte dos códigos legais dos países democráticos da atualidade (Barbosa, 2018).

Em suma, as principais visões de ***pessoa*** podem ser sintetizadas da seguinte forma:

- **Antigos gregos e romanos** – Papel ou personagem (*persona*) representado por um ator em uma peça de teatro ou em um ritual.
- **Direito romano** – Papel ou ofício exercido por alguém na sociedade. Também designa um sujeito de direitos e deveres perante a lei. Aplica-se somente aos homens livres.
- **Filósofos estoicos** – *Prosopon* designa a exterioridade da pessoa (características físicas e comportamento), enquanto *hypostasis*

significa a dimensão interior e os elementos que inscrevem o homem no gênero humano. Todo ser humano tem *prosopon* e *hypostasis*.

- **Cristianismo** – Realidade individual e racional que se relaciona com os outros. O ser humano é pessoa à imagem e semelhança de Deus, Uno e Trino a um só tempo. O termo *pessoa* aplicado ao homem indica o mesmo em sua totalidade de corpo e alma.
- **Iluminismo** – Capacidade de autoconsciência e autodeterminação, baseadas na razão e na vontade livre. Aplica-se a todos os seres humanos. A pessoa humana é um fim em si mesmo.
- **Século XIX** – Sujeito portador de direitos e deveres e também alguém capaz de criar e atribuir valor às coisas. Todo ser humano apresenta essas características.
- **Século XX** – Sujeito único que tem uma experiência particular de se relacionar com o mundo e com os outros. Todo ser humano apresenta essas características de pessoa.
- **Direito atual** – Sujeito de direitos e deveres. Todo ser humano é pessoa perante a lei e tem um valor intrínseco anterior ao direito. O direito reconhece, mas não funda, o caráter de pessoa ao ser humano.

1.3 O conceito de direitos humanos

Tendo visto os principais conceitos de natureza e de pessoa humana, falta definirmos o conceito de **direitos humanos**. Abbagnano (2007, p. 278) sintetiza *direito* como "a técnica da coexistência humana, isto é, a técnica que visa a possibilitar a coexistência dos homens". Nesse sentido, o direito é formado por regras que normatizam o comportamento dos homens entre si. Em sentido semelhante, mas de forma mais desenvolvida, escrevem Bobbio, Matteucci e Pasquino (1998, p. 349) que o direito é o ordenamento normativo da sociedade humana:

> Entre os múltiplos significados da palavra Direito, o mais estreitamente ligado à teoria do Estado ou da política é o do Direito como ordenamento normativo. Esse significado ocorre em expressões como "Direito positivo italiano" e abrange o conjunto de normas de conduta e de organização, constituindo uma unidade e tendo por conteúdo a regulamentação das relações fundamentais para a convivência e sobrevivência do grupo social, tais como as relações familiares, as relações econômicas, as relações superiores de poder, também chamadas de relações políticas, e ainda a regulamentação dos modos e das formas através das quais o grupo social reage à violação das normas de primeiro grau ou a institucionalização da sanção. Essas normas têm como escopo mínimo o impedimento de ações que possam levar à destruição da sociedade, a solução dos conflitos que a ameaçam e que tornariam impossível a própria sobrevivência do grupo se não fossem resolvidos, tendo também como objetivo a consecução e a manutenção da ordem e da paz social.

Embora haja diferentes concepções sobre as origens, os fundamentos, a legitimidade e os tipos de direito, em todas elas estão contidas essas noções anteriormente enunciadas de conjunto de normas de convivência. Em um sentido mais próximo da linguagem cotidiana, podemos também dizer que, dentro desse ordenamento que chamamos de *direito*, existem dois tipos de elementos: (1) os passivos – os direitos, que garantem às pessoas o que elas podem fazer ou ao que as mesmas podem ter acesso; e (2) os ativos – aquelas normas que ditam comportamentos ou ações às quais as pessoas estão obrigadas. Como essas normas regem as relações entre as pessoas, em geral o direito de alguém pressupõe o dever de outrem, ou vice-versa.

Assim, há três tipos de direito:

1. **Direito positivo** – Aquele que resulta da legislação humana, isto é, as leis e normas estabelecidas pelos homens.
2. **Direito natural** – Aquele que provém da natureza no sentido filosófico, que expusemos anteriormente.
3. **Direito divino** – Aquele que provém da formulação ou intervenção direta da divindade.

Essa divisão dos direitos ou leis foi consolidada no período da escolástica (séculos XII a XIV), sendo ainda utilizada na filosofia e na teologia cristãs. Tal divisão pressupõe que existem leis que Deus inseriu na própria natureza das coisas (tendo em vista a finalidade de cada ser e cada ação) e outras, que ele estabeleceu para favorecer o cumprimento da lei natural. Da mesma forma, Deus fez o ser humano com razão e predisposição para a vida em sociedade, capacidades que possibilitam ao homem criar regras para ordenar o convívio em sociedade. Exemplificando, teríamos:

- **Direito ou lei divina** – Leis estabelecidas pelo próprio Deus, como as normas da Lei mosaica, os preceitos de perfeição do Evangelho etc.
- **Direito ou lei natural** – As leis morais que dizem respeito à finalidade para a qual cada coisa e ser foram criados e que podem ser acessíveis pelo uso da razão, como os princípios morais contidos nos enunciados dos Dez Mandamentos.
- **Direito ou lei positiva** – Toda lei criada pelo ser humano, como regras sobre tributações, formas de punir cada delito, leis sobre registros e documentações etc.

Enquanto existem correntes de pensamento que defendem que há uma lei divina e uma lei natural anterior às leis estabelecidas pelo homem, existem outras correntes que acreditam na existência apenas do direito positivo, considerando toda norma fruto de alguma imposição ou convenção entre os homens de determinada sociedade.

A ideia de *direitos humanos*, de forma geral, pressupõe que existem direitos próprios do ser humano e intrínsecos a ele, em virtude de sua particular dignidade. Assim, os direitos humanos configuram-se em normas ou princípios universais que se aplicam a todos os seres humanos, independentemente de etnia, nacionalidade, credo, convicção política, sexo ou outras características[6]. Seu conceito, tal como formulado na Declaração Universal dos Direitos Humanos, redigida pela Assembleia Geral da Organização nas Nações Unidas (ONU), em 10 de dezembro de 1948, baseia-se na ideia de igualdade entre todos os seres humanos, bem como no entendimento de que a humanidade, como uma grande família, deve buscar a cooperação mútua entre os povos e as nações. A citada declaração também considera que o desrespeito aos direitos humanos é o ato fomentador de barbáries e de revoltas. Como comentamos anteriormente, essa concepção universalista da igualdade e da dignidade de todos os seres humanos tem suas raízes no cristianismo e no Iluminismo.

Esses direitos, embora possam ser divididos e categorizados, são vistos como uma totalidade de **direitos inalienáveis** (isto é, não podem ser tirados, apenas limitados em algumas circunstâncias em razão do cometimento de algum delito contra outras pessoas ou contra a sociedade) e **indivisíveis**, de forma que se relacionam entre si. Isso significa que o descumprimento de um dos direitos humanos compromete todos os demais.

Outra característica é a **atemporalidade**, ou seja, não depende de um período histórico específico. Dessa forma, embora possa haver períodos e locais em que os direitos humanos não sejam plenamente respeitados, considera-se que deve haver um esforço das sociedades humanas e dos poderes públicos para que esses direitos sejam considerados e garantidos a todos os homens e a todas as mulheres.

6 Conforme expresso nos arts. 1º e 2º da Declaração Universal dos Direitos Humanos, de 10 de dezembro de 1948 (ONU, 1948).

Com relação à prática dos direitos humanos, a declaração da ONU não apresenta um manual detalhado e fechado. Existem correntes que defendem que os direitos humanos são fundamentalmente um limite ao poder do Estado e devem ser somente reconhecidos por este de uma maneira mais **passiva**, por meio da não interferência, como defendem os ideais de tendência mais liberal. Outras formas de pensamento consideram o Estado um **agente ativo** na promoção desses direitos, vendo-o como um provedor das necessidades humanas, como defende, por exemplo, o modelo político do *Welfare State* (Estado de bem-estar social) ou outras ideologias de esquerda. O grande debate no mundo ocidental, no qual os direitos humanos são geralmente aceitos em tese, é sobre a forma de aplicação desses direitos no convívio social concreto, na economia e na atuação política (Roccella; Sacaraffia, 2014).

Um problema bastante atual com relação aos direitos humanos é o paradoxo da existência de uma ideia com pretensão universalista (a de que todos os homens são titulares de direitos iguais por sua dignidade intrínseca) em um mundo em constante transformação e de intensa diversidade cultural. Muitas culturas apresentam práticas consideradas desrespeitosas a esses direitos fortemente incorporadas em seus costumes e visão de mundo. Isso decorre do fato de que a ideia dos *direitos humanos* não é somente um conjunto de princípios ou normas sobre o convívio humano, mas também uma espécie de visão de mundo, de fundamento sobre a peculiaridade do homem em sua relação com o próximo e o mundo. Nota-se, portanto, que a defesa dos direitos humanos não passa somente por um âmbito político e jurídico, mas também por um âmbito ético, comportamental e cultural.

Para compreendermos melhor a essência dos direitos humanos, nos próximos capítulos focalizaremos a formação histórica do conceito desses direitos e os tipos de direitos concretos que eles acarretam.

Síntese

Caro leitor, explicitamos neste capítulo que existem vários conceitos de natureza humana, uns baseados na razão, outros nos sentimentos, outros ainda na capacidade de transformar a matéria pelo trabalho etc. Algumas concepções de natureza humana veem somente o aspecto material (o homem é só corpo, matéria), outras consideram o aspecto espiritual em contraponto com o aspecto material (o homem é um espírito aprisionado em um corpo) e outras a consideram uma unidade material e espiritual (o homem é uma pessoa dotada de corpo e alma). Você deve ter percebido que alguns desses conceitos focam mais em algum aspecto ou capacidade do ser humano que em sua totalidade para definir o que é essencial a ele. É importante que você lembre desses conceitos quando tratarmos da concepção cristã de *ser humano* no Capítulo 4.

Passamos também pelo conceito de pessoa, o qual, por influência da filosofia grega, do pensamento jurídico romano e dos debates teológicos dos primeiros séculos do cristianismo, acabou se cristalizando como a ideia de um ser relacional, que é sujeito de direitos e deveres. Nesse caso, é importante não esquecer que a noção de *pessoa* é mais ampla que a de *indivíduo* (um conceito que não considera tanto a dimensão relacional).

Por fim, tratamos dos direitos humanos, que são direitos intrínsecos ao homem, ou seja, derivam da dignidade da pessoa humana e não simplesmente da vontade do legislador. Pudemos destacar que a consolidação da ideia de que existem direitos universais a todos os seres humanos só foi possível graças a longas reflexões filosóficas sobre o que define o ser humano e o que o torna tão especial diante dos demais seres vivos.

Atividades de autoavaliação

1. Assinale a alternativa correta com relação ao conceito de natureza humana:
    a) Atualmente, existe um consenso de que a natureza humana é mera construção histórica, sendo impossível conhecer e definir claramente o que é o homem.
    b) O conceito de natureza humana nos antigos gregos reconhecia a igualdade radical de natureza entre todos os seres humanos.
    c) Um dos conceitos de natureza humana do século XVIII baseava-se na razão e na autonomia humanas.
    d) A Igreja rejeitou completamente a concepção grega de *natureza humana*.

2. Sobre o conceito de pessoa, assinale as afirmativas com V para as verdadeiras e F para as falsas:
    ( ) Na filosofia, equivale ao conceito de indivíduo.
    ( ) Tem grande importância para o direito, pois diz respeito a alguém que é sujeito de direitos e deveres perante as leis.
    ( ) Foi sempre aplicado somente aos seres humanos.
    ( ) Frequentemente evoca uma dimensão relacional.

    Agora, assinale a alternativa que contém a sequência correta:
    a) F, F, F, F.
    b) V, V, V, V.
    c) V, V, F, F.
    d) F, V, F, V.

3. Os direitos humanos:
   a) existem para os seres humanos que tenham reta conduta.
   b) são intrínsecos a todo ser humano.
   c) são oriundos meramente da convenção humana.
   d) são estabelecidos pelos homens, em contraposição aos estabelecidos nos sistemas religiosos.

4. Sobre a concepção marxista de *natureza humana*, marque a alternativa correta:
   a) A natureza humana está fundada no uso da razão.
   b) O homem se diferencia dos outros seres por compreender noções abstratas.
   c) A característica distintiva do homem é sua capacidade de transformar a matéria pelo trabalho.
   d) O homem se diferencia pela ideologia.

5. Sobre a concepção rousseauniana de *natureza humana*, assinale a alternativa correta:
   a) O homem se distingue especialmente pela razão.
   b) A capacidade de aperfeiçoamento do homem resulta principalmente dos sentimentos primordiais de desejo, medo, aceitação e rejeição.
   c) Rousseau não valorizava os sentimentos como elementos constitutivos da natureza humana.
   d) Rousseau acreditava que a natureza humana era decaída pelo pecado.

Atividades de aprendizagem

Questões para reflexão

1. Muitos pensadores buscaram pautar a natureza humana com base em algumas das capacidades do ser humano que o realçam: o uso da razão, a capacidade de ter e expressar sentimentos, a capacidade de transformar o trabalho etc. Qual é o risco de categorizarmos o homem de forma muito focada em alguma habilidade ou capacidade?

2. Os direitos humanos partem da ideia de que todo ser humano é pessoa, sujeito de direitos e deveres perante a Lei. Quais motivos você considera que ainda hoje impedem que a igualdade jurídica dos seres humanos se torne realidade na aplicação prática? Justifique.

Atividades aplicadas: prática

1. Em seu ambiente de trabalho ou em sua paróquia, existe a consciência de que cada pessoa é digna de direitos? O relacionamento interpessoal nesses locais é permeado de fraternidade e respeito pelo outro? Explique e exemplifique.

2. Faça uma pesquisa com pessoas próximas e anote o que elas entendem por *direitos humanos*. Depois, questione-as como avaliam a situação desses direitos no Brasil atualmente.

2

História dos direitos humanos e suas relações com a Igreja Católica[1]

1 Todas as passagens bíblicas indicadas neste capítulo são citações de Bíblia (2011).

Os direitos humanos se encontram formados, em sua atual formulação, por uma soma de processos históricos. Ao longo dos séculos, vários problemas foram apresentados, com relação aos tratamentos e direitos dos seres humanos na sociedade. Você sabia que muitas situações de opressão e injustiças, como a escravidão, a exploração colonial, os conflitos étnicos e a arbitrariedades de sistemas de governo, contribuíram para o desenvolvimento mais pormenorizado dos direitos humanos?

Você já percebeu que muitos dos direitos elencados nas declarações sobre direitos humanos já apareciam como objeto de apreciação dos escritos do Antigo e do Novo Testamento, nos sermões de vários homens da Igreja e na formação de obras e instituições de caridade?

Atualmente, os direitos humanos são amplamente aceitos (ao menos no âmbito teórico) nas sociedades de regimes democráticos do mundo globalizado. Entretanto, ainda existem, nesses e em outros países, graves situações de descaso ou violação aos direitos humanos.

Nosso objetivo, neste capítulo, é observar os principais fenômenos históricos que contribuíram para a formação dos direitos humanos e também destacar o papel da Igreja Católica ao longo desse processo.

2.1 Os direitos humanos na Antiguidade e na Idade Média

A expressão *direitos do homem* foi cristalizada na Revolução Francesa, em fins do século XVIII. Entretanto, isso não quer dizer que ainda não houvessem ideias implícitas sobre eles em algumas sociedades humanas antes desse período, acerca de alguma igualdade entre os seres humanos ou acerca de direitos que o homem tinha de forma intrínseca, anteriores às leis positivas. Conforme Landscheck (2007), não havia ainda, nos sistemas legais antigos, uma conceituação ou sistematização dos direitos fundamentais do homem, no entanto houve reflexões acerca do assunto.

Segundo Doig K. (1994, p. 38), podemos considerar marcos iniciais para a história dos direitos do homem, embora ainda bastante restritos, os primeiros códigos de leis escritos das civilizações, que buscavam estabelecer punições para os delitos, com base na ideia do monarca como executor da justiça sobre o reino. Exemplos disso são o Código de Hamurabi (redigido na Babilônia por volta do século XIX ou XVIII a.C.[2]) e outros códigos de reinos mesopotâmicos (atual região do Iraque) escritos mais ou menos na mesma época. Por volta do século XIII a.C., surgiu também, para o povo hebreu, a Lei mosaica, que preceituava, além dos mandamentos divinos referentes à conduta e às leis cerimoniais do culto, uma série de punições para os delitos cometidos contra Deus e contra os homens.

Sobre o Decálogo, é interessante a posição de Vittorio Possenti (citado por Roccella; Scaraffia, 2014), que se refere aos Dez Mandamentos como a primeira declaração de direitos humanos da história, escrita sob um prisma inverso, o de uma declaração de deveres. De fato, quando discutimos o significado de *direito*, no Capítulo 1, chamamos atenção para o fato de que um direito geralmente contém em si um dever de outrem, com o objetivo de garantir o referido direito. Podemos encontrar implícitos nas proibições das Tábuas da Lei os direitos à vida e à propriedade e a proteção do casamento e da família, por exemplo.

Tanto os códigos mesopotâmicos quanto a Lei mosaica baseavam-se no princípio da Lei de Talião, expresso na conhecida sentença "Olho por olho e dente por dente" (Lv 24,20), isto é, a punição deveria ser de natureza semelhante ao delito cometido. Entretanto, nota-se que na legislação hebraica já havia uma menor distinção entre grupos sociais do que nas leis mesopotâmicas. Um exemplo bastante significativo é o da escravidão. Embora permitida na sociedade hebraica, tal como era nas demais sociedades do Oriente antigo, a legislação

2 É comum que, nas datações de civilizações mais antigas, devido às lacunas de registros ou às grandes diferenças entre os sistemas de contagem do tempo mais recentes, haja grande margem de erro sobre a precisão temporal de acontecimentos ou períodos de reinados.

mosaica limitava o tempo de escravidão e impunha normas sobre auxílio material ao escravo após sua libertação. Trataremos desse tema comparando um trecho da Lei mosaica, em Deuteronômio, capítulo 15, versículos 12 a 18, aos parágrafos 196 e 199 do Código de Hamurabi, que apontam que a mutilação de um olho de um homem livre deveria ser punida com a mutilação do olho do delituoso, enquanto o mesmo crime cometido contra um escravo seria punido com uma multa.

Nos preceitos legais do Antigo Testamento, também podemos notar uma preocupação com as questões sociais dos pobres e desemparados, algo que não é objeto de apreciação no Código de Hamurabi. Na civilização hindu, como explicamos no capítulo anterior, a sociedade dividia-se em castas, que eram baseadas na ideia de que os homens já seriam desiguais desde o nascimento ou, antes, desde a criação do mundo.

Outro elemento importante no desenvolvimento dos direitos dos homens pode ser encontrado no Império Persa, durante a dinastia Aquemênida (séculos VI a.C.-IV a.C.), especialmente no reinado de Ciro II, o Grande (559 a.C.-530 a.C.), que, após conquistar o Império Babilônico dos caldeus e outras terras no Oriente, estabeleceu uma política de tolerância religiosa e cultural, promovendo até mesmo auxílio material ao culto dos povos conquistados. Seus documentos apontam para a restauração dos templos babilônicos e os livros históricos do Antigo Testamento mencionam a devolução, feita pelo referido rei persa, dos objetos do Templo de Jerusalém que haviam sido tomados pelos caldeus quando conquistaram a cidade sagrada hebraica, por volta de 587 a.C. (Venâncio; Vieira, 2011).

No mundo oriental, as correntes religiosas representaram um marco importante no desenvolvimento de uma ideia de valor do ser humano e de regras gerais para o bem-estar do homem. No Ocidente, tal reflexão deveu-se mais à atividade dos filósofos gregos, helenísticos[3] e romanos (Doig K., 1994).

Além da questão jurídica, existiram na Antiguidade oriental várias reflexões de homens de saber ou de líderes religiosos que falavam acerca da chamada "regra de ouro", que estabelece como princípio a máxima "Não faze aos outros o que não queres que façam a ti". Doig K. (1994) aponta que esse princípio aparece também no pensador chinês Confúcio (551 a.C.-479 a.C.) e no poema épico hindu Mahabarata (século II a.C.). Essa regra da reciprocidade como guia da conduta humana consta também no Antigo Testamento hebraico, por volta do século IV a.C., no livro de Tobias (Tb 4,15), na lógica aplicada às relações de trabalho. Nos escritos proféticos do Antigo Testamento, redigidos entre os séculos VIII a.C. e IV a.C., notamos também uma preocupação com o socorro aos necessitados, na defesa dos oprimidos contra os abusos dos que detêm mais posses ou poderes (Ez 22,7-29; Am 2,6-7; Mq 2,1-9; 6,11-12; Is 10,1-2). Esse aspecto aparece nos profetas como um caráter constitutivo da religião e do culto a Yahweh[4] (Doig K., 1994).

Entre os gregos e romanos, a religião era mais ritualista e pragmática: a grande preocupação religiosa era com a ordem constituída, no qual os sacrifícios e as oferendas aos deuses (seguindo, escrupulosamente, um rígido ritual) eram vistos como uma relação quase

---

3 No século IV a.C., o Rei Filipe II da Macedônia havia subjugado as cidades gregas, obrigando-as a formar com o seu reino uma aliança chamada *Liga de Corinto*, que teria o objetivo de fazer frente a uma possível ameaça de invasão persa. Felipe II favoreceu bastante a cultura grega em sua corte, inclusive na formação de seu filho, que se tornou o Rei Alexandre III, o Grande. Durante seu reinado, Alexandre conquistou todo o Império Persa da dinastia dos Aquemênidas (que compreendia, além da Pérsia e Oriente Médio, o Egito, a Ásia Menor e as atuais regiões do Afeganistão e do Paquistão). O rei macedônio construiu cidades gregas nas regiões conquistadas e incentivou o casamento entre seus soldados gregos e macedônios com as populações locais. Essas ações culminaram em um processo de mistura das culturas grega e oriental que denominamos *helenismo*. Após a morte de Alexandre, seu império se dividiu entre seus generais, formando vários reinos de cultura helenística. Os filósofos helenísticos foram aqueles homens que viveram entre os séculos IV e I a.C. em regiões de reinos helenísticos ou em regiões dominadas por Roma (que recebeu influências das escolas filosóficas gregas e helenísticas).

4 *Yahweh* é o nome próprio dado a Deus no Antigo Testamento.

"diplomática" com as divindades, com a finalidade de obter favores e manter a estabilidade na natureza e na cidade (*pólis* ou *ciuitas*). Foram os filósofos que começaram, a partir do século IV a.C., a tecer considerações acerca de uma busca de aperfeiçoamento humano que passaria pela busca das virtudes e por uma conduta ética. Fábio Konder Comparato (2006) confronta a ordem jurídica e ética do antigo Oriente, pautada na noção religiosa que embasaria os poderes constituídos em sua função de estabelecer a lei, com a ordem jurídica e ética do mundo grego, concebida mais com base nas finalidades terrenas. Se, para os antigos povos do Oriente, a lei decretada pelo monarca refletia o arbítrio dos deuses, que o teriam colocado à frente dos demais homens, para os gregos, a lei era resultante do que era racionalmente discutido nas assembleias, sendo que os filósofos também buscavam tecer considerações acerca das finalidades que justificassem a existência de determinada lei (especialmente entre os considerados *homens livres*). Entretanto, devemos considerar também que isso se deve antes ao caráter específico da religião grega, que, como apontamos anteriormente, era mais pragmática e ritualística.

Algumas considerações importantes entre os antigos gregos aparecem nas obras dos filósofos socráticos, como Platão, que sustentava que a lei só poderia ser legítima se baseada na razão e não no mero arbítrio humano, bem como nas obras dos poetas e dramaturgos, que falavam da existência de uma justiça que precede as leis escritas. Entretanto, na mentalidade desses pensadores, a igualdade entre os homens perante a lei referia-se apenas ao grupo dos *politai*, isto é, cidadãos, em que não se incluíam as mulheres, os estrangeiros e os escravos.

Entre os filósofos helenísticos e romanos da corrente estoica (ativa principalmente entre os séculos III a.C. e I a.C.), houve o início da conceituação do que ficou conhecida como *lei natural*, isto é, a ideia de uma lei que se encontra escrita de forma implícita na natureza (sentido filosófico, do qual já falamos no Capítulo 1) à qual as leis formuladas pelos homens deveriam se submeter. Embora Platão e Aristóteles já considerassem a maior parte das leis humanas como reflexo racional de uma lei natural (para Platão, existente como ideal, e, para Aristóteles, como norma moral da natureza), os estoicos definiram a lei natural como uma norma universal oriunda do Logos divino, inserida na natureza das coisas e no funcionamento do universo, conforme tratado no documento *Em busca de uma ética universal: novo olhar sobre a lei natural*, em seus parágrafos 18 a 21 (Comissão Teológica Internacional, 2009).

Entre os séculos VI a.C. e IV a.C., ocorreram as redações finais dos livros do Antigo Testamento e sua tradução para a língua grega pela comunidade judaica de Alexandria. Nesses livros aparecem, além dos apelos já mencionados anteriormente acerca do cuidado aos necessitados e injustiçados, a ideia do homem criado à imagem e semelhança de Deus, concepção que influencia uma ideia de igualdade natural entre os homens (Gn 1,26; Is 19,24). É, contudo, com o advento do cristianismo, no século I d.C., que a ideia de uma maior igualdade entre os homens ganhou mais força. A pregação de Jesus de Nazaré, seus apóstolos e discípulos dirigia-se a todos os homens, tanto judeus quanto gentios (Mt 8,11; Jo 4,5-42; Lc 7,1-10), além de estabelecer uma doutrina de maior proximidade com a divindade. Essa doutrina se baseava na ideia do amor de Deus por todos os homens, manifestado na obra da Redenção por meio do sacrifício pascal de Jesus Cristo. A lei e o perdão de Deus estavam direcionados a todos os seres humanos, independentemente de sexo, idade, povo ou condição social[5] (Doig K., 1994).

---

5 Aqui há um ponto de divergência fundamental entre o cristianismo e as demais religiões de mistério do mundo greco-romano: embora os gregos e os romanos tivessem uma religiosidade mais ritualística e pragmática, na qual a vida além-túmulo não era uma grande preocupação, desenvolveram-se entre esses povos alguns cultos associados a algumas divindades específicas que postulavam uma prática esotérica de iniciação em alguns mistérios, que levariam a uma aproximação maior com a divindade ou a algum conhecimento salvífico. O cristianismo, ao contrário, não apresentava esse caráter elitista, já que mantinha entre seus membros homens simples, escravos, autoridades, ricos e todo tipo de pessoa.

A preocupação com a misericórdia e a justiça, especialmente em relação aos indivíduos mais desamparados, foi um tema constante nos escritos e nas pregações dos Padres da Igreja, entre os séculos II d.C. e VII d.C. No discurso dos padres gregos (do Oriente), encontramos críticas feitas ao excesso de bens e à negação dos meios básicos de sobrevivência aos pobres. A tônica dos padres orientais chegava às vezes a comparar o excesso de bens desvinculado da partilha ao roubo e a negação dos bens básicos aos pobres ao homicídio. A escravidão, presente na sociedade do Império Romano do Ocidente e do Oriente mesmo após a cristianização, era igualmente criticada.

A ideia, expressa nos Evangelhos, de que fazer boas obras aos necessitados era ser benevolente para com o próprio Cristo também contribuiu para o crescimento das obras de caridade e a diminuição de algumas formas de exploração e crueldade na sociedade, desde o período de cristianização do Império Romano. Podemos citar como exemplos a concessão de liberdade de culto estabelecida pelo Imperador Constantino I, em 13 de junho de 313 d.C., e a conseguinte restituição dos bens tomados pelos imperadores anteriores durante as perseguições à Igreja; a abolição do suplício da Cruz e a paulatina diminuição dos sangrentos espetáculos de lutas de gladiadores; o estabelecimento de um dia semanal de repouso, tendo como referência a guarda do domingo como dia sagrado pelos cristãos. Entretanto, a união entre Igreja e império, no ideal de governantes que buscavam uma unidade monolítica nos territórios dominados como meio de conter as invasões bárbaras, também geraram casos de restrição da liberdade dos pagãos e heréticos, bem como a inviabilização da ocupação destes em cargos públicos.

O fim do Império Romano no Ocidente, no final do século V d.C., não significou o fim da cristianização da sociedade, haja vista que os povos bárbaros germânicos se converteram ao cristianismo (seja na versão católica, seja na versão herética ariana). A Igreja promoveu obras de caridade, como hospitais e abrigos, e os mosteiros tornaram-se centros de preservação do saber e da cultura clássica, além de locais de hospitalidade e acolhida para viajantes e peregrinos. À medida que os reinos bárbaros se formavam, a mistura entre o cristianismo e os moldes da organização social germânica produziram uma paulatina diminuição da instituição da escravidão nessas sociedades. Embora no período carolíngio (séculos VIII d.C.-IX d.C.) e durante toda a Idade Média tenham existido servos nos senhorios feudais da Europa, devemos reconhecer que essa era uma forma de exploração menos "objetificante" do ser humano que a escravidão, haja vista que o servo não era propriedade, apenas considerado uma pessoa ligada por um laço de obrigações mútuas com um senhor, por meio de um juramento: se o servo deveria trabalhar para seu senhor, este também estava obrigado a fornecer ao servo terra para seu sustento e proteção nos muros de sua fortaleza ou castelo.

A Igreja foi também uma das primeiras organizações no Ocidente a promover a educação e a assistência de saúde com maior abrangência, ao criar escolas em mosteiros, paróquias e catedrais, bem como a organização de ordens e congregações de religiosos dedicados às obras de caridade e ao cuidado e à administração de hospitais.

Os pensadores cristãos da Idade Média europeia, ao teorizarem sobre as funções e as atribuições dos monarcas e demais governantes da sociedade, estabeleceram, com base no princípio da origem divina da ordem social e do poder governamental, limites para a atuação dos governantes. Esses pensadores diziam que o governante recebia seu poder de Deus e, por isso, deveria reinar corretamente, como ministro da divindade, punindo os maus, premiando os bons, garantindo a ordem e promovendo o bem comum. Porém, não era somente isso: para os pensadores cristãos, as autoridades seculares tinham um dever especial, de proteger e promover os direitos dos desamparados, dos pobres, das viúvas, dos fracos etc.

Merece destaque também a classificação feita pelo frade dominicano Santo Tomás de Aquino dos três tipos de direito:

1. **Direito divino** – Estabelecido por Deus.
2. **Direito natural** – Derivado de Deus e implícito na natureza das coisas.
3. **Direito positivo** – Estabelecido pelos homens.

No Aquinate[6], as leis positivas ou humanas deveriam estar sempre subordinadas às leis divina e natural. Seguindo a tradição cristã, Tomás de Aquino argumentava que uma lei que fosse contrária ao direito divino e natural seria em si mesma injusta e, como tal, não deveria ser obedecida. As considerações do santo dominicano desenvolvem as reflexões anteriores dos Padres da Igreja, que haviam reinterpretado o conceito estoico de *lei natural* não mais como um uma ordem imanente ao universo, mas como reflexo da sabedoria do Logos de Deus, que havia feito o universo de forma racional e inteligível, inserindo também no ser humano a razão para compreender a ordem da natureza, conforme o parágrafo 26 do documento *Em busca de uma ética universal: novo olhar sobre a lei natural* (Comissão Teológica Internacional, 2009).

Além dos limites dos governantes e das leis humanas, os pensadores cristãos medievais, especialmente os da corrente escolástica (séculos XII-XIV) refletiram acerca das relações de trabalho, tendo como base o tema da *virtude da justiça*, entendida como "dar a cada um o que merece". Dessa reflexão, cristaliza-se a ideia de que dar ao trabalhador uma quantia suficiente para que ele consiga sustentar a si e a sua família não era uma obra de caridade, mas um ato de justiça.

Após termos abordado o pensamento medieval, passamos agora a explicitar como essas linhas de ideias se refletiram nas legislações da Europa medieval. Comecemos pela Lei Canônica: a Igreja desenvolveu

6 *Aquinate* é uma forma comum de se referir à obra de Tomás de Aquino.

um conjunto de normas internas, derivadas de concílios, sínodos e determinações papais, que foram compiladas oficialmente, a partir dos séculos XII e XIII, com uma lógica de organização temática e comentários que buscavam esclarecer possíveis contradições, haja vista que as normas canônicas eram de períodos, contextos e locais bastante diversos quando foram compiladas, diferentemente dos códigos de direito canônicos de 1917 e 1983, que foram feitos com uma redação uniforme (Doig K., 1994).

As leis canônicas se esforçaram por limitar o risco de instrumentalização política da Igreja, ao restringir as atribuições dos poderes seculares. Exemplos disso foram a reestruturação da eleição papal pelo Colégio dos Cardeais[7] (para diminuir a influência do imperador romano-germânico e das grandes famílias da aristocracia italiana na escolha dos pontífices romanos); a restrição dos casos em que os monarcas poderiam influir em nomeações episcopais e criação de dioceses; as normas sobre o casamento baseadas na ideia de consentimento mútuo entre os nubentes; a criação do foro eclesiástico (que, embora possa ser visto como um privilégio excessivo hoje, na época contribuiu para que os clérigos e as instituições da Igreja, como universidades, escolas e hospitais, sofressem menos interferência do poder secular). Merece destaque também o IV Concílio Lateranense, presidido pelo Papa Inocêncio III (1198-1216), entre os anos de 1214 e 1215, que estatuiu que toda paróquia instituísse uma escola de gramática para a formação básica e cristã dos fiéis. O mesmo papa também promoveu medidas para reintegrar na vida familiar e social as mulheres que haviam caído na prostituição (Doig K., 1994).

Alguns elementos da legislação civil também podem ser considerados marcos para a restrição das arbitrariedades de autoridades e grupos mais poderosos. Nesse sentido, podemos citar os *fueros* nos reinos

---

7 O Colégio dos Cardeais é o conjunto dos cardeais (clérigos auxiliares do Papa).

ibéricos[8], entre os séculos XI e XIII, e a Magna Carta, na Inglaterra do século XIII. Esses documentos jurídicos estabeleciam, além de uma série de procedimentos penais e regulamentação sobre contratos e outros assuntos, limitações aos poderes do monarca aliadas ao reconhecimento das autonomias próprias de cada localidade e da representação dos diversos estamentos ou grupos da sociedade. As limitações ao poder monárquico também se faziam sentir nas restrições legais acerca de prisões e julgamentos, que não poderiam mais ser baseadas somente no arbítrio do governante. Iniciativas semelhantes também surgiram a partir do século XIII em outros reinos da Europa (Doig K., 1994).

Não poderíamos fechar nossa breve exposição sobre a gênese de direitos do homem na Idade Média sem fazer um breve parêntese acerca da Inquisição. É importante, primeiramente, ressaltar que, no período medieval, tanto nos reinos cristãos do Ocidente europeu quanto no Império Cristão de Bizâncio[9] ou nos territórios de domínio muçulmano no Oriente, norte da África e Península Ibérica, os assuntos religiosos incluíam uma preocupação também política e social. Os governantes cristãos e muçulmanos eram vistos pela maioria dos súditos como defensores do credo que consideravam ser o verdadeiro e, portanto, deveriam, segundo essa ótica, proteger a comunidade dos crentes de doutrinas e práticas que se desviassem das oficiais. Portanto, a dissidência religiosa dentro de uma mesma comunidade era punida tanto no mundo cristão quanto no mundo muçulmano, enquanto os outros credos eram tolerados, com algumas restrições

8 A Espanha não existia como reino ou país unificado na Idade Média. Após a conquista muçulmana da maior parte da Península Ibérica no século VIII, vários reinos e senhorios se formaram ao norte a partir dos remanescentes do antigo reino hispano-visigodo de Toledo, que havia antecedido o domínio islâmico. Esses reinos e senhorios cristãos deram origem, entre os séculos X e XIII, aos reinos de Leão, Castela, Aragão, Navarra, Portugal, entre outros. A unificação jurídica da Espanha iniciou-se após o século XVI (Rucquoi, 1995).

9 No Império Romano do Oriente, também conhecido como *Império Bizantino* graças ao antigo nome grego de sua capital, Bizâncio, a cidade de Constantinopla era o remanescente dos territórios romanos que sobreviveram à conquista dos povos bárbaros no século V. O Império Bizantino durou até o século XV, quando foi conquistado pelos turcos otomanos (Angold, 2002; Souza; Barbosa, 1997; Favier, 2004).

ao culto público ou à propagação de suas doutrinas (Gonzaga, 1993; Souza; Barbosa, 1997).

No caso do Ocidente cristão, além das punições impostas pela Igreja aos heréticos, que rejeitavam os ensinos oficiais das autoridades eclesiásticas, que incluíam penitências públicas, interdito e excomunhão, havia também punições impostas pelas autoridades seculares, quando se considerava que o herege ou seus seguidores perturbavam também a ordem social. Durante o Império Romano, a punição era geralmente praticada somente sob a forma de exílio. A partir do século XI, quando os movimentos heréticos adquiriram também caráter de ação mais violenta e de crítica à ordem vigente, os poderes seculares e parte da população cristã passaram a agir de forma mais rígida, com punições materiais ou físicas, como confisco de bens, destruição da casa, prisão ou mesmo pena de morte. A Igreja instituiu os tribunais da Inquisição entre os séculos XII e XIII, para que os processos de heresia ficassem sob sua alçada e não sob jurisdição secular, pois tomava para si o poder de julgar o que era ortodoxo ou herético. Assim, o processo era todo conduzido pela Igreja e os hereges relapsos (que negavam obediência à Igreja) eram conduzidos às autoridades seculares, para a aplicação das penas físicas.

Entretanto, mesmo com as limitações da época, cuja noção de penas e punições nos parece hoje extremamente rígida, podemos observar que o sistema jurídico e penal da Inquisição, além de estabelecer limites ao uso da tortura (o que não havia, por exemplo, no direito civil e penal da época), também estabeleceu elementos caros ao direito ocidental, como acentuar a importância do interrogatório e da confissão do réu (em detrimento da prática supersticiosa do ordálio[10] e do duelo

10 O **ordálio** ou *juízo de Deus* era uma prática que consistia em fazer o réu passar por uma situação de risco em que se esperava a intervenção divina como prova de inocência. Um exemplo disso era colocar a mão do acusado sobre o fogo pensando que, caso ele fosse inocente, Deus milagrosamente impediria a mão de ser queimada. A Igreja condenava essa prática como supersticiosa e também por ser uma forma de tentar a Deus; um pecado de orgulho que visava forçar Deus a se manifestar de acordo com a vontade humana (Gonzaga, 1993).

judicial[11]) e promover uma melhora do sistema prisional, que, no âmbito eclesiástico, foi reformulado, tendo como inspiração as celas monásticas, ambiente que, mais que afastar o indivíduo da sociedade e puni-lo, induzia também à reflexão e ao arrependimento pessoal, além de possibilitar um melhor trato ao prisioneiro. Tal procedimento foi abandonado pela Igreja após vários séculos, graças à paulatina mudança na práxis das autoridades eclesiásticas em encarar a forma de lidar com a heresia e as relações com os poderes seculares (Gonzaga, 1993).

2.2 Os direitos humanos nos séculos XVI e XVII

O nascimento da Idade Moderna pode ser situado entre os séculos XV (com as Grandes Navegações e as descobertas de outras terras) e o século XVIII (com a derrubada do Antigo Regime, nos Estados Unidos e na França). A modernidade nasceu com duas visões sobre a humanidade: a dos humanistas, essencialmente otimista; e a dos reformadores protestantes, de caráter mais pessimista. Enquanto humanistas exaltavam o ser humano como livre em sua vontade e com potencial criativo em sua inteligência, os reformadores protestantes viam a vontade humana como necessariamente sujeita, ou a Deus, ou ao Diabo. Essas novas visões também influíram em novas reflexões e práticas acerca dos direitos do homem, e a essas causas também se acresceram alguns fenômenos históricos que, igualmente, exerceram certa influência nesse desenvolvimento, como o

11 O **duelo judicial** era uma prática herdada dos bárbaros germânicos. Consistia em colocar as partes de um litígio em combate. A vitória no combate decidia quem era o ganhador do pleito. Tal prática também era malvista pela Igreja, pois colocava a força física como critério de justiça, prejudicando os fracos e desamparados (Gonzaga, 1993).

crescimento de pesquisas e estudos nas ciências naturais, as guerras de religião subsequentes à Reforma protestante e a descoberta do Novo Mundo (Delumeau, 1989, 2011).

O surgimento das novas igrejas protestantes, no século XVI, com Lutero na Alemanha, Calvino em Genebra e o rei Henrique VIII na Inglaterra, foi um fenômeno distinto das divisões surgidas na Idade Média ocidental, causadas por movimentos heréticos ou eventuais cismas. Os reformadores protestantes conseguiram consolidar-se em igrejas estruturadas e com algum respaldo no poder secular, tal como a Igreja Católica já tinha desde a liberdade obtida no Império Romano. Lutero conseguiu o apoio de alguns príncipes alemães (embora o imperador romano-germânico e parte dos príncipes tenham ficado fiéis ao catolicismo) e as igrejas que seguiam suas doutrinas conseguiram se estabelecer inicialmente (posteriormente, os monarcas escandinavos também adotaram confissões de fé luteranas). Calvino conseguiu impor-se sobre as autoridades locais dos cantões suíços e, posteriormente, seu credo disseminou-se pela Holanda, onde um governo republicano se constituiu oficialmente sob uma igreja reformada. Por sua vez, o Rei Henrique VIII, inglês, assenhorou-se da Igreja da Inglaterra por meio da lei e do apoio do Parlamento. Essa adesão de algumas unidades políticas às novas religiões fez com que os já acalorados conflitos religiosos se misturassem aos conflitos políticos. Após várias guerras entre católicos e protestantes na Europa, acabou por vigorar nas leis dos diversos reinos e Estados europeus o princípio do "*cuius regio eius religio*", isto é, que cada região adotaria a religião de seu governante. Foi um passo importante para se buscar a paz entre regiões de credos diferentes, mas limitava a liberdade religiosa ao arbítrio do governante, uma tendência do modelo absolutista, como demonstraremos adiante (Delumeau, 1989, 2011; Doig K., 1994).

Em contraposição aos modelos políticos medievais, fortemente baseados na religião e caracterizados por limitações ao poder central, surgiu na Europa moderna uma tendência política mais centralizadora, que concedia mais poderes ao governante, a qual os estudiosos convencionaram chamar de *absolutismo*. Essa corrente, representada principalmente pela ação política do protestante Jaime I, na Inglaterra (reinado de 1603 a 1625), e do Rei católico Luís XIV, na França (reinado de 1643 a 1715), distorcia a noção cristã da origem do poder divino, elevando a importância do arbítrio do rei como fundamento da lei e do governo, colocando o monarca abaixo apenas de Deus. Assim, Jaime I exigia de seus súditos católicos um juramento que os colocava em conflito com a obediência religiosa ao papa; Luís XIV, ao mesmo tempo que tentava mostrar-se como defensor da fé católica, anulando a liberdade concedida aos protestantes por seu antecessor Henrique IV, em 1598, entrava em conflito com o papa apoiando as teses galicanistas, de autonomia do clero francês ante o papado. Também podemos relacionar esses modelos políticos absolutistas a outras teorias acerca do poder e da organização da sociedade, surgidas no período moderno.

Já no século XVI, o político florentino Nicolau Maquiavel (1469-1527) via a conservação do poder como objetivo primordial do governante, mesmo que, eventualmente, ele se utilizasse de artifícios considerados antiéticos para atingir tal fim. O francês Jean Bodin (1530-1596) defendeu, além da centralização do poder, a ideia de tolerância religiosa como elemento importante para a conservação da ordem política, em um momento no qual os conflitos religiosos se misturavam aos conflitos políticos na França. O inglês Thomas Hobbes (1588-1679) via em uma autoridade forte e centralizada a solução para impedir as violências dos homens contra seus semelhantes. O bispo católico francês Jacques Bossuet (1627-1704) sustentava que o rei, por receber seu poder de Deus, só prestava contas a Ele e não aos demais homens (Doig K., 1994).

Embora as novas teorias políticas que elencamos tenham obtido importância, especialmente na política da Inglaterra, sob a dinastia Stuart, e na França, dos monarcas Bourbon, houve também uma linha de pensamento de teólogos católicos que se baseou na escolástica medieval para refletir sobre as atribuições e os limites do poder secular e das leis, assim como acerca da situação do Novo Mundo. Essa corrente de pensadores foi chamada de *segunda escolástica* ou *Escola de Salamanca*, em referência à Universidade de Salamanca, principal centro de produção intelectual teológico-filosófica desses autores. Ao pensarmos no estabelecimento português e espanhol nas regiões costeiras da África e do Índico, bem como na conquista e na colonização do Novo Mundo (o continente americano), devemos ter em mente que as concepções dos teólogos católicos influenciaram mais na colonização ibérica das Américas do que as novas teorias ditas *absolutistas* (Doig K., 1994; Hespanha; Subtil, 2014).

Os pensadores de Salamanca, entre os quais citamos o dominicano Francisco de Vitória (1483-1546) e o jesuíta Francisco Suárez (1548-1617), além de recuperarem a noção escolástica da hierarquia entre direito divino, natural e positivo, formularam teorias em defesa dos direitos dos povos ameríndios. Embora a Coroa castelhana já tivesse estatuído algumas leis em defesa dos indígenas no início do século XVI, é nos escritos de Francisco de Vitória que encontramos de forma mais fundamentada os direitos dos povos nativo-americanos às suas vidas e propriedades, bem como a crítica à colonização forçada e à cristianização pela força. Vitória também escreveu sobre as relações diplomáticas e comerciais entre os povos, sendo considerado por muitos o pai do direito internacional. Os direitos dos indígenas também foram sintetizados oficialmente no Magistério da Igreja, com a publicação da bula *Sublimis Deus*, em 2 de junho de 1537, pelo Papa Paulo III (1534-1549) (Doig K., 1994).

Reproduzimos, a seguir, um trecho desse documento:

> [os ditos índios] não devem ser privados [...] de sua liberdade e do domínio de suas coisas. Antes, podem, livre e licitamente, usar, possuir e desfrutar tal liberdade e domínio, e não se lhes deve reduzir à escravidão; e que as coisas que de qualquer maneira possam ter acontecido fiquem sem efeito e sejam nulas e sem nenhuma força e momento, e que esses índios e outras gentes sejam levados à Fé de Cristo com a pregação da palavra de Deus e o exemplo de uma vida boa. (Papa Paulo III, citado por Doig K., 1994, p. 70)

Como podemos perceber, Papa Paulo III considerou que os indígenas têm os mesmos direitos que os europeus com relação à liberdade e ao uso de bens e propriedades. O pontífice também sustentou, tal como os pensadores de Salamanca, que a forma que os indígenas deveriam ser levados à fé cristã era pela pregação e pelo exemplo, em uma crítica implícita às conversões forçadas que, por vezes, se verificaram na atuação colonizadora no Novo Mundo. Voltemos, agora, aos pensadores de Salamanca.

O jesuíta Francisco Suárez contribuiu para formular uma teoria que se opunha ao absolutismo nascente. Para combater as pretensões do Rei Jaime I, de religião anglicana, sobre seus súditos católicos ingleses, Suárez explica em um sentido providencialista a máxima cristã "Todo poder vem de Deus": o poder vem de Deus, no sentido que o Criador fez o homem com uma natureza social e a tendência de se organizar em torno de governos. Nesse sentido, explica o jesuíta, o poder do governante não vem de Deus por via direta, mas por meio da sociedade e da comunidade política que, sob o consentimento da Providência Divina, dão reconhecimento a um indivíduo ou a um grupo de pessoas para que governem a dita sociedade (Doig K., 1994).

A participação da Igreja Católica na promoção dos direitos dos homens, em um período no qual vários povos europeus buscavam assenhorar-se de novas terras e explorar novos bens e recursos naturais, e também quando a escravidão ressurgia com força, sendo utilizada em larga escala nas Américas, não se reduziu apenas ao âmbito teórico. Vários clérigos, religiosos e leigos foram ativos na defesa dos direitos dos indígenas e dos africanos. Embora a Igreja, enfraquecida em poder pelo absolutismo e pela Reforma, não tenha conseguido abolir a escravidão no período moderno, estabeleceu sanções eclesiásticas contra a escravidão e, por meio das ordens e congregações religiosas, buscou dar auxílio e alívio aos maus-tratos cometidos contra indígenas e africanos. Temos, como exemplo disso, a ação de São Pedro de Claver (1580-1654), jesuíta que dedicou sua vida à evangelização e ao cuidado material e físico dos escravos africanos em Cartagena, na Colômbia, e as Constituições do Arcebispado Primeiro da Bahia, promulgadas em 1707, como resultado do primeiro sínodo diocesano realizado na Arquidiocese de Salvador, no Brasil. As Constituições do Arcebispado Primeiro da Bahia estatuíam: o dever dos senhores em dar sustento material (alimentos, abrigo, vestimenta) a seus escravos, bem como o dever de não maltratá-los; direito dos escravos ao descanso no domingo e dias santos; proibição dos batismos forçados; direito de os escravos contraírem matrimônio livremente, sem necessidade de consentimento de seus senhores, conforme as normas canônicas acerca do sacramento do matrimônio (Doig K., 1994).

Como podemos notar, o desenvolvimento da ideia de direitos universais comuns a todos os homens, antes do século XVIII, foi fruto, principalmente, das ideias judaico-cristãs acerca do homem como imagem e semelhança de Deus, das noções gregas sobre a lei e o funcionamento da comunidade política, bem como da doutrina cristã acerca da Redenção, oferecida a todo o gênero humano. A busca por uma ideia de direitos do homem, deslocados da religião, consolidou-se no século XVIII, sob o influxo do Iluminismo, como veremos a seguir.

2.3 Os direitos humanos na modernidade

Embora a historiografia comumente chame de Idade Moderna o período compreendido entre os séculos XV e XVIII e classifique a época iniciada com a Revolução Francesa como Idade Contemporânea, quando falamos em *modernidade*, em história ou em filosofia[12], estamos geralmente nos referindo a um modelo de sociedade, cultura e mentalidade centradas no individualismo e no racionalismo, que se inicia com o Iluminismo do século XVIII e dura basicamente até o século XX, tendo, entretanto, sido bastante questionado já no século XIX. Antes de falarmos do Iluminismo, entretanto, apresentamos brevemente alguns pensadores dos séculos XVI e XVII, cujas ideias influenciaram a Ilustração (ou Iluminismo).

O pensador holandês Hugo Grotius (1583-1645) já havia proposto a ideia de um direito natural independente da vontade humana ou divina, embora ainda o visse como fundamentado em Deus. Grotius colocava as bases da sociedade na razão humana e na natureza. O empirista inglês John Locke (1632-1704) fundamentava o direito natural na própria natureza do ser humano, como ser livre e racional. A partir dessa linha de raciocínio, Locke sustentava como direitos naturais a vida, a liberdade e a propriedade. Nesse caso, o Estado recebia seu poder do povo e tinha a função de garantir esses direitos, não de os restringir (Doig K., 1994).

Podemos ver, de certa forma, as revoluções ocorridas na Inglaterra do século XVII como precursoras das revoluções que culminariam na Independência dos Estados Unidos e na derrubada do Antigo Regime

12 Para um conceito mais desenvolvido de *modernidade*, consulte Fagúndez, 2017.

na França, no século seguinte (Doig K., 1994). As revoluções inglesas do século XVII, além de sinalizarem o conflito de poder entre o rei, a nobreza e a burguesia, representavam o desejo de uma ordem política mais livre, limitando o absolutismo dos monarcas da dinastia Stuart, que seguiam o modelo absolutista propugnado por Jaime I, como já mencionamos.

A primeira das revoluções foi a chamada *Revolução Inglesa* ou *Guerra Civil Inglesa* (1642-1651). Embora a *Petition of Rights* (em português "Petição de Direitos"), elaborada pelo Parlamento Inglês em 1628, já tivesse proibido detenções e prisões arbitrárias e a cobrança de novos impostos sem o consentimento parlamentar, o Rei Carlos I (1625-1649) não cedeu completamente aos representantes, cobrando novos impostos e mesmo fechando por um longo tempo a assembleia. As atitudes de Carlos I levaram a uma guerra civil que opôs o rei, apoiado por nobres anglicanos e alguns nobres católicos, e o Parlamento, apoiado pelos puritanos (cristãos reformados de tendência calvinista) e pela burguesia. O rei, acusado de traição pelo Parlamento, acabou sendo decapitado em 1649, e o líder puritano Oliver Cromwell (1599-1658) proclamou-se Lorde Protetor da República em 1653, governando de forma autoritária. Com a morte de Cromwell, seu filho – associado ao governo arbitrário do primeiro Lorde Protetor da República – ficou sem apoiadores, tendo o Parlamento defendido a restauração da monarquia sob Carlos II (reinado de 1660 a 1685), filho do rei decapitado pelos revolucionários (Doig K., 1994; Delumeau, 1989).

Carlos II e seu sucessor e irmão Jaime II (reinado de 1685 a 1688) continuaram uma política absolutista e de aproximação com grupos e reinos católicos, o que causava oposição por parte de anglicanos e outros grupos protestantes. Entre 1688 e 1689 ocorreu na Inglaterra a Revolução Gloriosa, que depôs Jaime II em favor de sua filha anglicana Maria, casada com o nobre holandês e protestante Guilherme de Orange. Ambos foram coroados juntos como reis da Inglaterra: Guilherme III (reinado de 1689 a 1702) e Maria II (reinado de 1689 a 1694). Os novos reis ingleses tiveram de assinar, em 1689, um documento elaborado pelo Parlamento, chamado *Bill of Rights* (em português, "Declaração de Direitos"), que estabelecia limites ao poder real, por exemplo: o rei deveria se submeter às leis, convocar regularmente a assembleia, respeitar a liberdade de culto e defesa de seus súditos etc. Portanto, o processo de limitação do poder régio na Inglaterra deu-se por meio do Parlamento e das leis, em um processo impulsionado pela defesa da liberdade religiosa e pela proteção ao uso arbitrário de prisão e julgamento por parte do monarca (Doig K., 1994; Delumeau, 1989).

O século XVIII foi o período em que foram, pela primeira vez, sistematizados os direitos do homem, de forma mais próxima ao que entendemos hoje. Os pensadores passaram a usar a expressão *direitos do homem* em substituição ao conceito de direitos naturais (Landscheck, 2007). Essa sistematização deu-se principalmente por dois fatores:

1. A busca de uma fundamentação teórica dos direitos dos homens não vinculada à religião.
2. O desejo dos teóricos e agentes das revoluções americana e francesa em estabelecer de forma clara os limites do Estado em relação ao indivíduo.

Isso explica o fato de uso da expressão *direitos humanos* ter ocorrido primeiramente nos ambientes de tendência iluminista, sendo aplicado pela Igreja Católica somente mais tarde. Conforme explica Lucetta Scaraffia (2014, p. 26-27): "Durante muito tempo, as Igrejas e as teologias cristãs não se preocuparam com os direitos humanos – cuja formulação é, no fundo, uma tentativa de fundar uma ética laica válida para todo ser humano – porque já tinham um sistema moral análogo e, como se verá, talvez não tão diferente".

Já explicamos como os pensadores do século XVIII preconizaram um conceito de natureza humana mais assentado nas características intrínsecas do homem, especialmente a razão e a liberdade. Essas concepções influenciaram, com diferentes tônicas, as duas primeiras declarações de sistematização dos direitos do homem: a *Declaração da Independência das 13 colônias da América do Norte,* que se tornaram os Estados Unidos da América, em 4 de julho de 1776, e a *Declaração dos Direitos do Homem e do Cidadão,* aprovada em 26 de agosto de 1789 pela Assembleia Nacional Constituinte formada em Paris, após o início da Revolução Francesa. Embora o processo de independência dos Estados Unidos tenha influenciado a Revolução Francesa, é fato que o movimento político francês teve um caráter muito mais hostil com relação à religião e suas instituições que o movimento americano. Tal fato reflete-se nas nuances em que cada respectiva declaração enuncia os fundamentos dos direitos que elenca.

Conforme demonstra Scaraffia (2014), a declaração americana de 1776 está permeada de conceitos cristãos, com tônica protestante, como **criação**, **aliança** e **lei**, fundamentados em uma noção cristã de Deus, enquanto a declaração de 1789 alude vagamente à ideia deísta de um "Ser Supremo", uma vez que a Revolução Francesa tinha um caráter mais hostil à religião institucionalizada, relegando a crença religiosa ao âmbito da opinião individual (Scaraffia, 2014). Isso é bastante visível, ao compararmos a relação do Poder Público com a religião na formação dos Estados Unidos e na França revolucionária:

- No processo de formação política dos Estados Unidos, logo após sua Independência, estabeleceu-se um modelo de separação entre Igreja e Estado, no qual o Poder Público garantia o livre exercício da religião.
- Na França revolucionária, a *separação* (se é que podemos chamá-la assim) entre Igreja e Estado resultou, primeiramente, em uma

tentativa de controle do clero francês pelo governo por meio da Constituição Civil do Clero (1790). Seguiu-se uma perseguição aberta à Igreja, em uma tentativa de descristianização da sociedade e imposição de um culto deísta a um vago "Ser Supremo", durante a segunda fase da Revolução Francesa, considerado o período do Terror ou Convenção Nacional (1792-1794). Nessa época, a facção radical dos jacobinos havia assumido as rédeas da política.

Embora as declarações americanas e francesa do século XIII tenham influenciado a concepção atual dos direitos humanos, seus textos foram frequentemente interpretados de forma mais restritiva do que inicialmente sugeriam, haja vista que os Estados Unidos, até 1863, aceitavam a escravidão de africanos e afro-americanos perante a lei (muito embora as mesmas leis estivessem fundamentadas nos princípios de igualdade natural) e os governos revolucionários franceses (que se baseavam na ideia de *liberdade de crença e opinião*) perseguiram opositores políticos e praticantes da religião católica. Essa contradição deve-se ao fato de que a ideia de *direitos do homem*, como foi formulada e entendida por grande parte do discurso político e jurídico do Ocidente, nos séculos XVIII e XIX, encontrava-se sob a égide da ideologia do liberalismo. O caráter liberal e ideológico da ideia de *direitos do homem* na modernidade é sintetizado por Robles (1990, p. 292, tradução nossa):

> O conceito básico sobre o qual está montada toda a teoria laica dos direitos humanos é o conceito de propriedade privada, que marca tanto a relação do homem consigo mesmo como com os demais. Por isso, Marx tinha razão ao afirmar que a concepção dos direitos humanos é uma concepção burguesa. Efetivamente, quem estude com atenção a história da ideologia dos direitos humanos poderá comprovar como, de uma maneira mais ou menos consciente,

> as categorias representativas dos distintos direitos não são, no fundo, outra coisa que uma ampliação ou derivação do conceito de propriedade privada. Esta é, como se sabe, um direito real ou sobre coisa na qual se dá, como relação principal, a do homem com a coisa, e como secundária e consequência dela, a exclusão dos demais, isto é, da comunidade.

Portanto, conforme Doig K. (1994), a ideologia dos direitos humanos formulada na modernidade, embora não o fizesse explicitamente, destacava o homem proprietário, aquele que, implicitamente, acabava por relativizar o valor das pessoas desprovidas de posses. Isso explica por que, embora fossem contra os privilégios estamentais (de nascimento, no caso da nobreza, ou religioso, no caso do clero), os liberais não consideravam errados os privilégios por renda, como o voto censitário, estabelecido em alguns países europeus e latino-americanos ao longo do século XIX como critério para a participação política (tanto no direito de votar quanto no de exercer cargos políticos). Sobre esse aspecto também lembra Doig K. (1994) que a concepção liberal dos direitos do homem considerava apenas os direitos políticos, isto é, a relação do homem com o Estado, e não ponderava os direitos sociais.

O fenômeno da Revolução Industrial, iniciado na Inglaterra a partir do século XVIII, havia modificado significativamente o modo de vida da sociedade europeia, sua relação com o trabalho, o tempo e o dinheiro. Havia poucas leis regulamentando o trabalho antes desse período, em parte porque muito era regulado pelas normas consuetudinárias (costumes locais e tradições) e por uma lógica diferente do simples salário, além de ser levado em conta o ritmo do tempo da natureza.

No Quadro 2.1, expomos alguns exemplos de mudanças profundas trazidas pela Revolução Industrial.

Quadro 2.1 – As transformações industriais

O trabalho agrícola no campo	Antes da industrialização, o trabalho era regido pelos ritmos de plantio, crescimento e colheita das plantas. Além dos repousos em domingos e dias santos, havia os tempos de repouso, que coincidiam com o tempo de espera para o momento da colheita. A jornada de trabalho era basicamente regulada por condições externas, como o ciclo das estações ou a caída da noite (que significava o fim de praticamente toda a iluminação, haja vista o pouco alcance dos luzeiros não elétricos). Com a Revolução Industrial, muitas terras passaram a ser usadas para a criação de animais em larga escala, visando ao abastecimento de matéria-prima (lã, couro etc.) para a indústria. Muitos camponeses tiveram de migrar para a cidade, por causa da perda de suas terras ou da dificuldade de concorrer com propriedades maiores.
O trabalho artesanal	O trabalho era caracterizado por um domínio completo do processo produtivo pelo artesão. Este, também chamado de *mestre*, contratava para ajudá-lo indivíduos mais jovens e sem experiência, chamados de *aprendizes*. O aprendiz trabalhava em troca de abrigo, comida, uma pequena remuneração e o aprendizado do ofício. Quando concluía seu aprendizado, recebia (em geral de uma corporação de ofício, associação de profissionais de uma mesma área) o grau de mestre e poderia abrir sua própria oficina. O ritmo do trabalho era lento, já que um artesão produzia uma peça por vez.
O local de trabalho	No período anterior à Revolução Industrial, a maioria das pessoas trabalhava a pouca distância de suas casas. No campo, próximo à casa, no caso rural, ou no primeiro andar da residência, no caso das oficinas de artesãos e comerciantes. Com o crescimento da economia industrial, o local de trabalho tornou-se distinto do ambiente doméstico, fazendo o trabalhador gastar mais tempo de seu dia com deslocamento, além de haver concentração de maior quantidade de pessoas em alguns centros.

O crescimento da pobreza nas cidades e as precárias condições de trabalho da classe operária produziram várias ideologias de postura crítica ao capitalismo industrial, como o socialismo utópico, o socialismo marxista e o anarquismo. Essas ideologias eram contrárias à propriedade privada, vista como uma forma de usurpação do acesso comum de todos os homens aos bens necessários à subsistência. A Igreja, sem cair nos excessos do liberalismo[13], do socialismo

13 Corrente filosófica que se posiciona contra a intervenção do Estado na economia.

científico[14] ou do anarquismo[15], também se pronunciou em favor de direitos e melhores condições de vida da classe operária, especialmente a partir da publicação da encíclica *Rerum Novarum*, pelo Papa Leão XIII (pontífice entre 1878 e 1903), em 1891[16]. Também nessa época, nas décadas de 1880 e 1890, a Alemanha estabeleceu as primeiras leis sociais, que versavam especialmente sobre auxílios e pensões contra acidentes de trabalho, doenças, velhice e invalidez (Brasil, 2018; Leitão, 2016; OIT, 2018).

A Doutrina Social da Igreja, inaugurada pelo Papa Leão XIII, consiste simplesmente em uma explicitação dos princípios da moral cristã, aplicados à lógica da sociedade e da economia, porém não pretende ser, como as ideologias geradas nos séculos XVIII e XIX, um modelo pronto, ou fechado e universal, sobre o funcionamento desses setores[17]. Entretanto, isso não significa que a Doutrina Social da Igreja tenha permanecido no âmbito puramente teórico. Nesse sentido, foram importantes ações e reflexões não somente do clero, mas também do laicato católico. Mesmo antes da publicação da *Rerum Novarum*, o beato Frederico Ozanam (1813-1853), professor e acadêmico francês, já realizava uma intensa atividade intelectual e prática em favor dos pobres, especialmente por meio da Sociedade São Vicente de Paulo (mais conhecida no Brasil como *Movimento dos Vicentinos*), fundada em 1833. Também podemos citar os escritores britânicos Hillaire Belloc (1870-1953) e Gilbert Keith Chesterton (1874-1936), que em seus escritos propuseram um modelo econômico baseado na Doutrina Social da Igreja, conhecido como *distributivismo*, o qual, em âmbito geral, fundamenta-se na valorização dos negócios locais e da

14 Teoria contrária à intervenção excessiva do Estado na economia, defende o desprezo pela religião.

15 Teoria contrária a qualquer organização hierárquica e à religião.

16 Para saber mais sobre a carta *Rerum Novarum*, consulte Leão XIII (1891).

17 Leão XIII também apoiou conferências internacionais que discutiam a aplicação de leis sociais, garantindo mais direitos aos trabalhadores, no ano de 1890.

pequena propriedade, que se baseia mais nas iniciativas pessoais do que em uma regulamentação estatal da economia (Doig K., 1994; Freire, 2015; Silva, 2016; A Santa Sé, 2018).

Considerando o crescimento das ideologias no âmbito político do Ocidente oitocentista, frequentemente hostil ou limitador da atuação pública da Igreja, percebemos que muitas das teses defendidas por clérigos e leigos católicos em favor da situação dos operários e outros desfavorecidos acabou tendo pouca recepção nos meios pensantes e na práxis política da época. Mesmo o socialismo marxista ainda tinha pouca força política no século XIX, em que o debate e os movimentos políticos ainda orbitavam em torno do embate entre o liberalismo – com sua defesa do sufrágio universal ou censitário, crítica aos privilégios da nobreza e do clero e defesa do constitucionalismo (Doug K., 1994) – e os remanescentes do Antigo Regime – defendendo maiores poderes ao monarca, autonomia aos costumes locais em vez de uma constituição padronizada e a representação estamental em vez da representação individual, especialmente na Europa e na América Latina (Doig K., 1994). Outro componente ideológico que também encontrava forte apelo no discurso e nos movimentos políticos do século XIX era o nacionalismo.

Há mais um fenômeno que ajuda a entender o motivo da coexistência do discurso da igualdade dos homens perante a lei com a escravidão e a exploração dos povos europeus sobre a África e a Ásia, no chamado *neocolonialismo*, que foi o surgimento de teorias científicas racistas a partir do século XVIII. Embora houvesse mentalidades etnocêntricas [18] desde a Antiguidade nas relações entre povos e culturas, foi a partir do século XVIII, sob influência do racionalismo, que os

18 Chamamos *etnocentrismo* o fenômeno em que uma sociedade julga as outras pelos pressupostos de sua visão de mundo. Exemplo disso foi quando um viajante europeu do século XVI, Pero de Magalhães Gândavo, pensou que os indígenas da costa brasileira careciam de crenças religiosas e ordenamento político, por não terem em sua língua as letras "F" (Fé), "R" (rei) e "L" (lei).

cientistas procuraram embasamentos nas ciências naturais para justificar o racismo. A escravidão praticada em larga escala, no colonialismo dos séculos XV a XVIII, não precisava justificar-se por meio de uma ideologia racista. Justificava-se pelas ideias acerca do direito da guerra, por necessidades acidentais ou por causa da aceitação e do uso dessa prática nas sociedades africanas (Magnoli, 2009).

O racismo surgiu, no fundo, para justificar a noção universalista, que o Ocidente apresentava acerca de seu modelo de civilização racionalista, industrial e liberal, bem como para legitimar o neocolonialismo do século XIX. Enquanto, especialmente sob as pressões da Inglaterra, os países da América iam abolindo, primeiramente, o tráfico de escravos, e, depois, a escravidão propriamente dita, ao longo de todo o século XIX, a Inglaterra e outros países europeus lançavam-se a colonizar regiões da África e Ásia, a fim de obter matérias-primas e maiores mercados consumidores para seus produtos industrializados. A Igreja Católica não aceitou as teses racistas, mesmo aquelas que tinham suposto apelo científico, fato que podemos observar no exemplo dos Estados Unidos, onde, mesmo com a proibição de casamento entre brancos e negros pelas leis de segregação racial, realizavam-se casamentos desse tipo nas instituições católicas, sem nenhum impedimento (Magnoli, 2009).

A Primeira Guerra Mundial, ocorrida entre 1914 e 1918, causou destruição e mortes em escala muito superior aos conflitos anteriores e mostrou como o avanço tecnológico não poderia ser um progresso em si mesmo (dada a possibilidade de seu uso destrutivo) e, além disso, trouxe a consequência prática dos excessos do nacionalismo e do neocolonialismo. Os ódios às diferenças étnicas insuflados pelos nacionalismos, bem como a disputa pelas colônias, evidenciando uma competição por poder, recursos e territórios, geraram um clima de conflito que contribuiu para transformar um atentado político (o assassinato do herdeiro ao trono austríaco) em um pretexto para que vários países tentassem resolver, pela violência, suas acentuadas diferenças. A Igreja, sem sucesso, tentou convencer os países em conflito pela busca de soluções pacíficas: Pio X (pontificado de 1903 a 1914), nos antecedentes das tensões geopolíticas europeias, e Bento XV (pontificado de 1914 a 1922), durante a guerra.

Apresentamos, a seguir, um quadro sobre os nacionalismos na época.

Quadro 2.2 – Nacionalismos na Primeira Guerra Mundial

Ideologia	Características
Unificação alemã	Os Estados da Confederação Germânica (criada por Napoleão por volta de 1800, com a dissolução do Sacro Império Romano-Germânico) concluíram sua unificação como um Estado-Nação sob a liderança da Prússia, após uma guerra contra a França. As consequências da vitória alemã nessa Guerra Franco-Prussiana (1870-1871) foram a formação da Alemanha como um novo Estado-Nação unificado, alterando o equilíbrio político europeu, bem como a rendição da França sob uma condição humilhante: a concessão dos territórios de Alsácia e Lorena para o domínio alemão. Essa humilhação fez crescer em várias gerações de franceses um sentimento nacionalista-revanchista.
Nacionalismo pan-eslavista	Muitas etnias eslavas da Península Balcânica encontravam-se sob o domínio do Império Austro-Húngaro. Grupos nacionalistas fomentavam o desejo da construção de uma grande nação eslava nessa península, em uma concepção nacionalista que desprezava as minorias étnicas da região.
Nacionalismo pan-germanista	Pregava a união dos países de língua alemã contra seus inimigos externos. Essa ideia contribuiu para o alinhamento entre Alemanha e Áustria durante a Primeira Guerra Mundial.

Apesar da conclusão da guerra em 1918, com a vitória dos países da Tríplice Entente (protagonizada por França, Grã-Bretanha e Estados Unidos[19]) sobre a Tríplice Aliança (Alemanha, Áustria

19 Inicialmente, a Tríplice Entente era formada por França, Grã-Bretanha e Rússia. A Rússia retirou-se da guerra em 1917, por causa da revolução comunista, enquanto os Estados Unidos entraram na guerra, do lado da entente, no mesmo ano.

Hungria e Império Otomano[20]), o conflito não foi plenamente resolvido. As condições humilhantes estabelecidas pelo Tratado de Paz de Versalhes (1919), especialmente para a Alemanha, contribuíram para o fomento de um sentimento nacionalista e revanchista nos países vencidos na guerra[21]. O nacionalismo foi o grande motor dos regimes totalitários ocidentais, como o fascismo e o nazismo. Embora muitos clérigos e leigos católicos tenham apoiado os regimes nazista e fascista, por seu caráter combativo e anticomunista, a Igreja Católica pronunciou-se, condenando as doutrinas nazifascistas. Em 1922, o Papa Pio XI (pontificado de 1922 a 1939) publicou a encíclica *Ubi Arcano Dei Consilio* (Pio XI, 1922), na qual condenava os excessos do nacionalismo, reafirmando a fraternidade universal entre todos os homens[22]. Em 1937, o mesmo pontífice publicou a encíclica *Mit brennender Sorge* (Pio XI, 1937b), condenando o que chamou de "idolatria da raça e do sangue", no parágrafo 27, bem como o totalitarismo do Estado[23]. Pio XI também se pronunciou em favor dos direitos religiosos dos católicos, perseguidos pelo regime laicista[24] mexicano, entre 1926 e 1929, e pelos grupos comunistas, socialistas e anarquistas da II República Espanhola, entre 1931 e 1939.

---

20 Os sultões otomanos pertenciam a uma dinastia turca muçulmana surgida no século XIV. Na época da Primeira Guerra Mundial, os otomanos dominavam praticamente todo o Oriente Médio.

21 Podemos, entretanto, citar como elemento positivo do ano de 1919 a primeira reunião da Organização Internacional do Trabalho (OIT), em 19 de novembro, na cidade de Washington, nos Estados Unidos, onde foi acordada a jornada diária de 8 horas (48 horas semanais) para o trabalhador. Nesse mesmo ano, era publicada a Declaração dos Direitos do Povo Trabalhador e Explorado da União Soviética que, apesar de elencar uma série de direitos sociais, colocava-os como fundamentados no Estado e subordinados aos interesses partidários, o que de fato acabou ocorrendo ao longo dos governos soviéticos, em que direitos foram suprimidos e desrespeitados em nome da continuidade da Revolução (Doig K., 1994; Hobsbawm, 1990; 1995; Visentini, 2014).

22 Para ler a encíclica em inglês, consulte Pio XI (1922). Destacamos o item 25 do texto, no qual está mais explícita a condenação ao nacionalismo.

23 A encíclica pode ser acessada em espanhol no *site* oficial do Vaticano. Para saber mais, consulte: Pio XI (1937b). Destacamos o item 12, que sintetiza de forma condenatória as doutrinas do nazismo.

24 Chamamos *laicismo* a ideologia ou o regime que visa excluir a religião da esfera pública, relegando-a unicamente à esfera privada.

A Igreja Católica e os regimes autoritários do século XX

Muitos estudiosos citam as concordatas e os tratados assinados entre a Santa Sé e os regimes autoritários e totalitários do século XX como se fossem uma forma de apoio. Esse tipo de acordo, que a Sé Apostólica também buscou fazer com regimes liberais e socialistas ou comunistas, trata-se na verdade de um recurso jurídico para salvaguardar alguns direitos mínimos dos fiéis católicos e do exercício das funções religiosas por parte do clero e das hierarquias eclesiásticas, em países em que haja uma espécie de hostilidade para com a Igreja Católica. A Santa Sé fez um acordo desse tipo, por exemplo, com o governo laicista da República Mexicana, para pôr fim à chamada *Guerra Cristera* ou *Cristiada* (1926-1929). O Tratado de Latrão foi firmado no ano de 1929, entre a Santa Sé e o Reino da Itália (tendo como chefe de Estado o Rei Vittorio Emmanuele III e como chefe de governo e primeiro-ministro o líder fascista Benito Mussolini). Esse acordo visava encerrar a contenda entre o Papado e o Estado italiano, iniciada com a ocupação dos territórios papais pelo exército, durante a unificação da referida nação em 1870. A Itália reconhecia o Vaticano como Estado soberano pertencente à Sé Romana, enquanto o Papado, por sua vez, reconhecia a legitimidade do Estado-Nação italiano. No caso da Alemanha, foi feita uma concordata em 1933, entre a Sé Apostólica e a República da Alemanha (cujo chefe de Estado era o Presidente Paul von Hindenburg e o chefe de governo era o chanceler e líder nazista Adolf Hitler) para garantir a liberdade religiosa dos católicos no território alemão. O caso da Espanha durante sua Guerra Civil (1936-1939) é ligeiramente diferente: o episcopado espanhol apoiou quase que unanimemente o Bando Nacional (composto de falangistas, militares nacionalistas, monarquistas carlistas entre outros) em sua luta contra o Bando Republicano (composto por republicanos conservadores e radicais, comunistas, socialistas e anarquistas), por causa da perseguição religiosa praticada dentro das zonas sob controle republicano.

O pontificado de Pio XII (de 1939 a 1958) foi marcado também pela defesa dos direitos humanos e pelo combate ao totalitarismo. Em sua primeira encíclica, *Summi Pontificatus*, publicada em 1939[25], o pontífice condenou, de maneira geral, os totalitarismos fascista, comunista e nazista, quando expôs os erros de se elevar o Estado ou a coletividade acima da pessoa humana, da família e de Deus (Pio XII, 1939). Especialmente no caso da perseguição nazista aos judeus e opositores políticos, Pio XII deu instruções ao clero e aos conventos para abrigarem fugitivos, bem como facilitou a emissão de passaportes falsos de peregrinação à Terra Santa, para facilitar a fuga de judeus e adversários do nazismo para fora da Europa. Em Roma, o papa abrigou, durante a ocupação alemã da cidade, vários perseguidos[26] (Aguiló, 2011).

A Segunda Guerra Mundial durou de 1939 a 1945. Seu saldo evidenciou, mais ainda que na Primeira Guerra Mundial, o alcance da violência humana, da qual alguns exemplos são o genocídio contra os judeus perpetrado pelo nazismo; as perseguições políticas e religiosas sob os regimes fascista, nazista e soviético; o potencial destrutivo das bombas atômicas, lançadas pela aviação norte-americana sobre

25 Na encíclica *Summi Pontificatus* (Pio XII, 1939), podemos encontrar, especialmente nos parágrafos 39, 46 e 47, sobre os exageros nos poderes do Estado e a família como "primeira e essencial célula da sociedade".

26 Muitos acusam o pontificado de Pio XII de ter silenciado diante do Holocausto e das demais violências cometidas pelo nazismo. Entretanto, a defesa dos perseguidos não necessariamente se daria por pronunciamentos, mas pela ação. A ação de Pio XII e de grande número de católicos, e mesmo cristãos de outras denominações, foi feita de forma mais silenciosa, justamente para não levantar suspeitas dos agentes da Gestapo e da SS (*Schutzstaffel*) nazista. Além disso, havia outro complicador: quando os nazistas descobriam alguma fuga ou um pronunciamento contra o regime, procediam a execução de grande número de pessoas, como forma de retaliação (Aguiló, 2011).

as populações civis japonesas das cidades de Hiroshima e Nagasaki; os estupros em massa cometidos pelo exército soviético contra a população alemã. Esses excessos contribuíram para o crescimento de movimentos, ações e políticas que buscassem maior valorização e salvaguarda dos direitos humanos, como veremos a seguir.

2.4 Os direitos humanos a partir de 1945

A Organização das Nações Unidas (ONU), criada após a assinatura da Carta das Nações Unidas, em 26 de junho de 1945, surgiu inicialmente com o objetivo se ser um órgão internacional, que visava intermediar e impedir conflitos entre os países. A formulação de uma declaração sobre direitos do homem objetivava estabelecer um consenso entre os países-membros acerca dos direitos inalienáveis, que todos se esforçariam por proteger, tendo ainda recentes na memória os genocídios e as mortandades da Segunda Guerra Mundial. Embora seja considerada hoje uma grande conquista, a Declaração Universal dos Direitos Humanos, elaborada pela ONU (1948), não foi ponto pacífico quando redigida. Oito dos quarenta e oito países-membros se abstiveram de votar o documento, promulgado em 10 de dezembro de 1948: Arábia Saudita, União Sul-Africana, União Soviética, Tchecoslováquia, Bielorússia, Iugoslávia, Ucrânia e Polônia (Doig K., 1994; Scaraffia, 2014). Os demais 40 países votaram de forma favorável ao documento. No caso da África do Sul, havia as contradições do *apartheid*, enquanto os países da Europa oriental estavam influenciados pela política unipartidária do bloco soviético. A Arábia Saudita era governada pela família Saud, ligada a uma vertente de interpretação fundamentalista da religião islâmica. Curiosamente os Estados Unidos, um dos signatários e promotores da declaração, abrigava, em alguns de seus estados, leis de segregação racial ainda nessa época.

A declaração de 1948 é um conjunto de princípios acerca de um ideal comum, a ser buscado pelos países signatários; dessa maneira, não consiste em um documento legal que vincule obrigação jurídica dos países. Para que os direitos elencados na declaração criem vínculo jurídico nos países-membros da ONU, é necessário que sejam inseridos na legislação do país ou em algum tratado internacional assinado pelos representantes da dita nação. Antes de prosseguirmos com os fatos, vale esclarecer como a Igreja Católica se posicionou em relação à Declaração Universal dos Direitos Humanos de 1948.

Nas décadas de 1930 e 1940, os Papas Pio XI e Pio XII já se haviam referido, em suas encíclicas e mensagens, a alguns direitos inalienáveis, dados por Deus ao ser humano, tendo inclusive usado a expressão *direitos da pessoa humana* em radiomensagem de Natal, em 1942 (Caldeira, 2015). Apesar de várias das pregações do Papa Pio XII elencarem como direitos fundamentais do ser humano praticamente os mesmos direitos que aparecem sistematizados na declaração de 1948, Doig K. (1994) chama atenção para o fato de que o referido papa nunca se pronunciou, positiva ou negativamente, acerca do documento votado pelas ONU. Apoiando-se em considerações do jesuíta Jorge Humberto Peláez, Doig K. (1994) aponta alguns motivos entre os membros da cúria romana que teriam levado ao silêncio de Pio XII acerca da declaração de 1948:

- Desacordo com relação a ausência da menção de Deus como fundamento dos direitos humanos.
- Desconfiança com relação à participação da URSS na redação do documento.
- Falta de eficácia prática da Declaração com relação à defesa real dos direitos humanos.

Pela leitura de alguns pronunciamentos do Papa Pio XII, feitos na década de 1940, podemos constatar essas hipóteses apontadas por Doig K. (1994). No ano de 1944, em sua mensagem de Natal, o pontífice romano falou da necessidade de se formar uma comunidade das nações. Em suas considerações sobre a União Europeia, pronunciadas em 11 de novembro de 1948, praticamente um mês antes da promulgação do documento de direitos humanos da ONU, o papa tratou da necessidade de reconhecer Deus e Sua Lei como fundamentos dos direitos do homem, ao mesmo tempo que expressava sua descrença em que esses direitos, a segurança, a ordem e a paz fossem garantidos com a negação da religião. Em 1950, o referido líder da Igreja saudou de forma positiva os esforços que vários países estavam fazendo por garantir o respeito aos direitos do homem, acentuando que tais direitos provinham do desejo de Deus. Já em 1953, o pontífice apontou que a formação de uma comunidade internacional não deveria considerar somente o arbítrio dos Estados, mas a natureza e a vontade do Criador. Por fim, na mensagem de Natal do ano de 1956, expressou sua queixa e preocupação com o fato de a ONU não agir de forma mais rígida com países (especialmente os que integravam a dita *comunidade de nações*) que violavam os direitos humanos (Doig K., 1994).

A Declaração Universal dos Direitos Humanos, redigida pela ONU em 1948, foi, de fato, objeto de discussões e polêmicas, principalmente por três motivos:

1. A falta de fundamentação teórica (os países colocaram-se de acordo acerca dos direitos, mas não sobre a teoria que os fundamentava).
2. A fragilidade de aplicabilidade prática, correndo o risco de o documento se tornar um recurso retórico, discursivo.
3. A tensão entre a pretensão universalista da declaração e a diversidade de concepções culturais e visões de mundo existentes entre os membros da ONU.

O Papa João XXIII (pontificado de 1958 a 1963) sintetizou de forma orgânica o entendimento da Igreja acerca dos direitos humanos, em proximidade com os postulados da declaração de 1948, em sua célebre encíclica social *Pacem in Terris*, publicada em 1963, em seu parágrafo 11:

> 11. E, ao nos dispormos a tratar dos direitos do homem, advertimos, de início, que o ser humano tem direito à existência, à integridade física, aos recursos correspondentes a um digno padrão de vida: tais são especialmente o alimento, o vestuário, a moradia, o repouso, a assistência sanitária, os serviços sociais indispensáveis. Segue-se daí que a pessoa tem também o direito de ser amparada em caso de doença, de invalidez, de viuvez, de velhice, de desemprego forçado, e em qualquer outro caso de privação dos meios de sustento por circunstâncias independentes de sua vontade. (João XXIII, 1963)

O Concílio Vaticano II (1962-1965) priorizou uma nova abordagem pastoral da Igreja. Se, desde o século XIX, a instituição católica buscava acentuar os elementos da modernidade que eram incompatíveis com a fé e a prática cristã, no concílio a Igreja buscou o *aggiornamento* (atualização), dialogando com a linguagem do mundo moderno, explicando as verdades de fé e os ensinamentos cristãos com base nos pontos comuns com a modernidade. Na questão dos direitos humanos, também se aplicou essa lógica. Nesse caso, os participantes do Concílio na Igreja buscaram tirar o foco das influências liberais e anticlericais, que estiveram no pano de fundo da formulação e da sistematização dos direitos humanos, para assumir uma postura de diálogo com o mundo moderno, na defesa e na promoção dos direitos da pessoa humana (Alberigo, 2013; Doig K., 1994). Essa dimensão de diálogo com o mundo moderno aparece de forma mais desenvolvida na constituição pastoral *Gaudium et Spes* (Concílio Vaticano II, 1965a).

A declaração de 1948, embora tenha uma grande importância histórica, não acabou com os problemas de desrespeito aos direitos humanos que haviam caracterizado a primeira metade do século XX. Como já exemplificamos, os Estados Unidos abrigavam leis de segregação racial em alguns de seus estados, que só foram derrubadas aos poucos, com movimentos civis e religiosos organizados, bem como litígios judiciais ao longo das décadas de 1950 e 1960. Assim, os Estados Unidos foram, aos poucos, declarando inconstitucionais algumas dessas leis.

Além dessa questão, o contexto da Guerra Fria[27], a partir da década de 1950, colocou em evidência a preocupação com os países do *Terceiro Mundo*, como eram chamadas as nações que não se encaixavam na classificação de países capitalistas desenvolvidos – o chamado *Primeiro Mundo* – ou de países socialistas – o chamado *Segundo Mundo*. O Terceiro Mundo se encontrava em situação de maior pobreza, como os países da América Latina, da Ásia e da África, ou ainda outros que passavam por instabilidade política e social, como era o caso de países africanos e asiáticos que enfrentavam o processo de descolonização.

De fato, as discussões nas Nações Unidas sobre a promoção dos direitos humanos continuaram após a declaração, destacando-se alguns marcos históricos, conforme aponta Doig K. (1994):

- **1966** – Pacto Internacional sobre Direitos Civis e Políticos e Pacto Internacional dos Direitos Econômicos, Sociais e Culturais.
- **1967** – Declaração sobre a eliminação da discriminação contra a mulher.
- **1969** – Pacto de São José da Costa Rica sobre os Direitos Humanos, acordado entre os países americanos.
- **1975** – Conferência de Helsinque, com adesão da União Soviética aos pactos internacionais de direitos humanos.

27 Chamamos *Guerra Fria* o período situado entre o final da Segunda Guerra Mundial, em 1945, e o colapso da União Soviética, em 1991, no qual havia uma tensão permanente entre o bloco capitalista (países aliados ou sob influência dos Estados Unidos) e o bloco socialista (países sob a esfera da URSS), por disputas de influência geopolítica em diversas regiões do globo terrestre. Embora os conflitos bélicos tenham sido indiretos, havia a sensação de insegurança e medo sobre um possível conflito nuclear de grandes proporções.

Devemos notar que muitos dos documentos que elencamos são pactos internacionais, ou seja, tratados assinados entre nações que produzem vínculo jurídico, os quais se distinguem das declarações, que são apenas diretrizes ou enunciações de princípios ou ideais a serem buscados.

Na segunda metade do século XX, quando acreditava estar liberta do espectro genocida do nazismo, a humanidade testemunhou horrores semelhantes, como as perseguições políticas do governante soviético Joseph Stalin nas décadas de 1930 e 1950 (reveladas ao público por seu sucessor, o presidente Nikita Krushchov, em 1956); as perseguições políticas, religiosas e culturais exercidas pelo líder comunista chinês Mao Tse-Tung e seus seguidores mais fanáticos entre as décadas de 1950 e 1970[28]; os regimes autoritários e as ditaduras de direita em países da América Latina entre as décadas de 1960 e 1980; o genocídio do regime comunista do Khmer Vermelho no Camboja na década de 1970; o genocídio de Ruanda em 1994 (herança de rivalidades étnicas fomentadas pelo neocolonialismo belga); os excessos provocados por nacionalismos e rivalidades étnicas na Guerra do Kosovo entre os anos 1998 e 1999. O problema de conflitos étnicos e guerras civis continua, ainda hoje, sendo um desafio para a comunidade internacional.

As décadas de 1990 e 2000 trouxeram uma nova questão: uma maior instrumentalização ideológica de um discurso pró-direitos humanos em favor de políticas contrárias à família e à religião. A pesquisadora Mary Ann Glendon, por exemplo, sustentou que algumas questões propostas pela conferência sobre as mulheres organizada pela ONU em Pequim no ano de 1995 (da qual Glendon participou como representante da Santa Sé), sob o pretexto de defender os direitos humanos, acabavam por violar os direitos de liberdade religiosa e a proteção à família e à maternidade, princípios que haviam sido enunciados

28 Os alvos das perseguições do regime de Mao eram opositores políticos, pessoas que adotavam traços da cultura capitalista ocidental ou seguidores de crenças e instituições religiosas.

na declaração de 1948 (Scaraffia, 2014). Principalmente a partir do ano de 2001, nota-se também na comunidade internacional e em várias organizações não governamentais (ONGs) um posicionamento negativo com relação à religião e, especialmente, contra a Igreja Católica. Esses conflitos[29] têm duas causas principais:

1. O relativismo ético e moral que se desenvolveu no pensamento laico e penetrou nas atuais concepções políticas e jurídicas dos países e meios acadêmicos ocidentais.
2. A tensão existente entre a busca por uma ética universal promotora dos direitos humanos e a existência de uma diversidade cultural na qual essa concepção de direitos da pessoa humana não está enraizada com o mesmo entendimento (Scaraffia, 2014).

Existem também alguns problemas de ordem geopolítica que interferem na promoção efetiva dos direitos humanos dentro dos países-membros das Nações Unidas. É necessário compreendermos que tanto a ONU quanto os governos dos diversos países, na qualidade de instituições humanas, são compostos por pessoas que estão sujeitas a falhas e equívocos. Por isso, não podemos tomar as declarações da ONU sobre os direitos da pessoa humana em sentido dogmático, porém analisá-las no contexto das demais declarações e dos padrões éticos (no caso dos católicos, também comparar com as orientações da Igreja). Da mesma forma que, na política dos países, existem conflitos entre interesses comuns da sociedade e interesses particulares de grupos (políticos, sociais, religiosos, econômicos), também nas Nações Unidas podemos observar conflitos entre interesses de ordem internacional, como a questão ambiental, o problema da fome, o combate à xenofobia etc., e interesses de ordem nacional, como a defesa da

29 Não nos deteremos aqui nos pontos conflituosos, pois essa questão será analisada nos Capítulos 5 e 6.

economia interna, a capacidade logística de acolhimento de grande número de pessoas, a defesa das fronteiras e as diferenças culturais.

Outro problema que prejudica, atualmente, um entendimento comum acerca dos direitos humanos é o fato de que um conceito relativista de cultura[30] protege práticas contrárias à dignidade humana em nome da preservação cultural. A falta de uma busca por fundamentos e valores objetivamente comuns (por mais desafiante que possa ser) contribui para que, em muitos países, os direitos da pessoa humana continuem sendo desrespeitados, sem grande interferência da comunidade internacional.

Embora vise promover a união entre os diferentes países e nacionalidades, a ONU, pelos motivos geopolíticos que elencamos anteriormente, reflete em seu interior as hegemonias políticas e econômicas dos países que estão em evidência no cenário internacional. Um exemplo disso é o Conselho de Segurança da ONU, que abriga como membros permanentes (aqueles que têm direito a veto nas resoluções da assembleia) apenas os cinco países com maior desenvolvimento econômico ou com grande potencial bélico: Estados Unidos, China, Rússia, Reino Unido e França. Essa é, de certa forma, uma herança da Guerra Fria. Essa estrutura contribuiu para gerar nas Nações Unidas uma desigualdade que acaba por privilegiar, muitas vezes, os interesses particulares dos governos de países com maior influência, notadamente os do Hemisfério Norte.

Muitas vezes, resoluções que são acordadas entre vários países-membros da ONU, por meio de tratados internacionais, não são integralmente cumpridas por causa da sobreposição de interesses particulares do país aos interesses internacionais, por exemplo, quando o governo de uma nação não segue um acordo ambiental que geraria a ela menos lucros ou limitaria parte de sua produção industrial.

---

30 Aqueles que adotam um conceito relativista de cultura consideram válido qualquer elemento cultural, julgando ser impossível chegar a consensos sobre a eticidade de determinada prática ou costume. Um exemplo clássico é o de pessoas que consideram errado deplorarmos o hábito de mutilação genital feminina em alguns povos da África em nome da diversidade cultural.

Em face do crescimento do relativismo moral, a Igreja busca, além da promoção prática dos direitos humanos, refirmar a universalidade da moral e o fundamento de toda a moral e de todos os direitos em Deus e na Natureza. Essa promoção prática é realizada por meio de inúmeras associações e instituições, além da atuação pessoal de fiéis leigos – atuação esta que é frequentemente ignorada por concepções clericalistas ou reducionistas da Igreja, que imputam somente ao clero responsabilidades e atuação dentro da instituição eclesiástica. O crescimento do relativismo moral consiste, portanto, em mais uma situação adversa, na qual a Igreja continua a ser chamada a dar testemunho do Evangelho.

Síntese

Neste capítulo, esclarecemos que, apesar de serem derivados da dignidade intrínseca do homem, os direitos humanos foram sendo reconhecidos e promovidos, após uma série de formulações teóricas e lutas concretas contra os abusos políticos e ideológicos cometidos contra eles. Nesse processo histórico, o judaísmo e o cristianismo contribuíram para a ideia de *igualdade natural* entre os homens nas civilizações ocidentais. Também concluímos que a formulação do atual conceito de direitos humanos é resultado de duas grandes influências: o cristianismo e o Iluminismo.

Esclarecemos como a Igreja Católica contribuiu com suas doutrinas e sua atuação prática para o crescimento, o desenvolvimento e a promoção dos direitos humanos nas diversas sociedades na qual atuou. Esse processo não foi contínuo e linear, sendo que, muitas vezes, membros da Igreja também violaram esses direitos.

Por fim, explanamos que a Igreja aceita os direitos da pessoa humana, mas defende a necessidade de fundamentos teóricos sólidos para eles, de modo a evitar o relativismo moral e a transformação da Declaração Universal de Direitos Humanos em mera abstração.

Atividades de autoavaliação

1. Sobre os direitos humanos antes do século XVIII, assinale a afirmativa correta:
   a) Os direitos humanos encontravam-se perfeitamente delineados já nos antigos códigos legislativos hindus e mesopotâmicos.
   b) A noção de *igualdade natural* de todos os homens torna-se mais forte com a difusão do cristianismo.
   c) A Igreja considerava somente as leis de Deus, vendo os homens como meros instrumentos do arbítrio divino.
   d) Nos povos antigos, todos os seres humanos eram considerados iguais em sentido negativo, isto é, desprovidos de qualquer valor.

2. Sobre os direitos humanos na modernidade, assinale as afirmativas com V para as verdadeiras e F para as falsas:
   ( ) Os conflitos políticos na Inglaterra dos séculos XVII e XVIII contra os abusos do poder régio contribuíram para a formulação mais clara de alguns direitos inerentes às pessoa humana.
   ( ) As declarações de direitos do homem, da independência das colônias norte-americanas e da Revolução Francesa foram totalmente respeitadas pelos movimentos políticos que as produziram.
   ( ) O racismo surgiu para justificar a contradição entre as teorias liberais sobre igualdade entre todos os homens perante a lei e a existência de exploração de povos asiáticos e africanos pelas nações europeias.
   ( ) O racismo surgiu para justificar a noção universalista que o Ocidente tinha acerca de seu modelo de civilização racionalista, industrial e liberal, bem como para legitimar o neocolonialismo do século XIX.

( ) A concepção de *direitos humanos* dos líderes da Revolução Francesa recebeu menos influência cristã que a concepção enunciada na Declaração de Independência dos Estados Unidos.

Agora, assinale a alternativa que contém a sequência correta:

a) V, F, V, V.
b) V, V, V, V.
c) F, F, V, V.
d) F, V, V, F.

3. Sobre a Declaração Universal dos Direitos Humanos, de 10 de dezembro de 1948, assinale a afirmativa correta:
   a) Foi assinada por unanimidade na ONU.
   b) Recebeu voto contrário de países do bloco soviético, da África do Sul e da Arábia Saudita.
   c) Foi redigida com base em um consenso total acerca de seus fundamentos, apenas com algumas discordâncias menores de aplicabilidade concreta.
   d) Foi influenciada pelas declarações americana e francesa do século XVIII, mas também pelas questões sociais que agitaram o século XIX e pela lembrança recente dos crimes cometidos pelos regimes totalitários na Europa.

4. É um exemplo da influência da Igreja em favor da dignidade humana:
   a) a criação de escolas, hospitais e instituições de caridade.
   b) o apoio às revoluções populares.
   c) a criação de um sistema político mais justo e fraterno.
   d) o desenvolvimento da cura de doenças.

5. Um sinal significativo da influência da Igreja na sociedade medieval foi:
   a) a existência de tribunais específicos de direitos humanos.
   b) a abolição da pena de morte.
   c) o fim da fome no Ocidente medieval.
   d) o paulatino desaparecimento da escravidão no Ocidente durante a Idade Média e seu ressurgimento no início da Era Moderna.

Atividades de aprendizagem

Questões para reflexão

1. Como exposto neste capítulo, nos séculos XVIII e XIX, as concepções de direitos humanos coexistiram com a aceitação jurídica da escravidão, da segregação racial da exploração de outros povos. Hoje, há risco de os direitos e da pessoa humana virarem apenas discurso? Por quê?

2. A falta de um fundamento teórico comum constitui uma ameaça à aceitação dos direitos humanos na condição de valores universais no mundo de hoje? Justifique.

Atividades aplicadas: prática

1. Procure descobrir que impacto a Declaração dos Direitos Humanos de 1948 exerceu sobre pessoas próximas a você que tenham vivido essa época. Esse impacto representou uma mudança real no respeito ao ser humano? Explique.

2. Pesquise entre as pessoas em seu trabalho que ideia elas têm acerca do papel histórico da Igreja na promoção dos direitos humanos. Questione-as acerca de suas fontes de informação e analise as diferenças com relação às ideias apresentadas neste capítulo.

3
Os direitos humanos e sua classificação[1]

1 Todas as passagens bíblicas indicadas neste capítulo são citações de Bíblia (2011).

Neste capítulo, trataremos dos direitos humanos em sua atual sistematização, concretizados como obra principalmente da Declaração Universal dos Direitos Humanos, de 10 de dezembro de 1948, da Organização das Nações Unidas (ONU, 1948), que atualizou as concepções de direitos atribuídos ao ser humano pelas declarações formuladas nas revoluções americana e francesa, no século XVIII. Como afirmamos anteriormente, o documento produzido pelas Nações Unidas não apresenta boa fundamentação teórica, pois preocupava-se mais com a delimitação prática dos direitos da pessoa humana. A extensa lista de direitos é frequentemente classificada em algumas categorias. Isso, contudo, não significa dizer que os direitos humanos podem ser colocados em uma lista fechada, pois essa classificação é apenas um recurso para facilitar a aplicabilidade desses direitos, que devem ser entendidos como um todo.

3.1 Breve histórico da divisão dos direitos humanos

Luiz Maximiliano Landscheck (2007) aponta para uma divisão histórico-funcional dos direitos humanos, que os separa com base na ordem de suas afirmações ao longo da história e é fundamentada na forma e nos agentes promotores desses direitos. Assim, conforme o autor citado, há três fases:

1. **Fase do Estado liberal** – Asseguram-se os direitos individuais, que são os direitos da pessoa humana considerada individualmente, como o direito à vida, à integridade física e moral, o direito de ir e vir. Tratam-se de direitos do homem com relação ao Estado. Nesse caso, a função do Estado é negativa, isto é, garante esses direitos por não intervenção em seu exercício.
2. **Fase do Estado de bem-estar social** – Asseguram-se os direitos sociais, que são os direitos da pessoa humana considerada em sua vida e interação em sociedade, como os direitos ao trabalho, à saúde, ao lazer, à educação etc. Nesse caso, a função do Estado é positiva, pois considera-se que ele garante esses direitos por meio de alguma espécie de intervenção ou atuação.
3. **Fase da cooperação entre Estado e agentes sociais** – Asseguram-se os direitos de solidariedade, que são direitos relativos à cooperação na sociedade e dependem da colaboração entre o Estado e os demais agentes sociais, como o problema da paz, do patrimônio comum da humanidade ou as questões ambientais. Essa fase seria, segundo Landscheck (2007), o período de discussão atual dos direitos humanos, ainda objeto de reflexões acerca de sua realização.

Entretanto, há uma classificação mais esmiuçada, que nos ajuda a entender melhor todos os desdobramentos práticos dos direitos que são inerentes à dignidade da pessoa humana. Nas seções a seguir, comentaremos brevemente os direitos humanos relacionados segundo a classificação mais comum.

3.2 Os direitos civis

Os direitos civis são aqueles ligados à dimensão da pessoa, como membro de uma sociedade juridicamente organizada e constituída. O primeiro elemento entre eles diz respeito à igualdade entre os homens perante à lei. Isso consiste em dizer que todas as pessoas devem ser tratadas com o mesmo respeito perante a lei, independentemente de idade, sexo, ascendência étnica, crença religiosa, convicções filosóficas, classe social ou outras classificações.

Os direitos civis estão ligados à vida individual do ser humano, à ordem jurídica e à localidade na qual ele está inserido; dizem respeito à liberdade e à autonomia da pessoa humana. Conforme Weis (2018, p. 3):

> Seguindo-se a lição de Jorge Miranda, pode-se afirmar que os direitos civis (segundo denominação do Direito Internacional) são aqueles direitos de liberdade, que têm por objeto a expansão da personalidade sem interferência do Estado ou de terceiros. Têm como objeto a proteção dos atributos que caracterizam a personalidade moral e física do indivíduo.

Dessa lógica derivam outros direitos, enunciados de forma sintética na Declaração Universal dos Direitos Humanos de 1948 (ONU, 1948) – arts. 3º a 21 – e explicitados no Pacto Internacional sobre

Direitos Civis e Políticos, de 16 de dezembro de 1966 – arts. 6º a 27 (Brasil, 1992b).

Na Declaração Universal dos Direitos Humanos de 1948, encontramos as seguintes sentenças:

> Artigo I
>
> Todos os seres humanos nascem livres e iguais em dignidade e direitos. São dotados de razão e consciência e devem agir em relação uns aos outros com espírito de fraternidade.
>
> Artigo II
>
> 1. Todo ser humano tem capacidade para gozar os direitos e as liberdades estabelecidos nesta Declaração, sem distinção de qualquer espécie, seja de raça, cor, sexo, língua, religião, opinião política ou de outra natureza, origem nacional ou social, riqueza, nascimento, ou qualquer outra condição.
>
> 2. Não será também feita nenhuma distinção fundada na condição política, jurídica ou internacional do país ou território a que pertença uma pessoa, quer se trate de um território independente, sob tutela, sem governo próprio, quer sujeito a qualquer outra limitação de soberania.
>
> Artigo III
>
> Todo ser humano tem direito à vida, à liberdade e à segurança pessoal.
>
> Artigo IV
>
> Ninguém será mantido em escravidão ou servidão; a escravidão e o tráfico de escravos serão proibidos em todas as suas formas.
>
> Artigo V
>
> Ninguém será submetido à tortura, nem a tratamento ou castigo cruel, desumano ou degradante.
>
> Artigo VI
>
> Todo ser humano tem o direito de ser, em todos os lugares, reconhecido como pessoa perante a lei.

Artigo VII

Todos são iguais perante a lei e têm direito, sem qualquer distinção, a igual proteção da lei. Todos têm direito a igual proteção contra qualquer discriminação que viole a presente Declaração e contra qualquer incitamento a tal discriminação.

Artigo VIII

Todo ser humano tem direito a receber dos tribunais nacionais competentes remédio efetivo para os atos que violem os direitos fundamentais que lhe sejam reconhecidos pela constituição ou pela lei.

Artigo IX

Ninguém será arbitrariamente preso, detido ou exilado.

Artigo X

Todo ser humano tem direito, em plena igualdade, a uma justa e pública audiência por parte de um tribunal independente e imparcial, para decidir sobre seus direitos e deveres ou do fundamento de qualquer acusação criminal contra ele.

Artigo XI

1. Todo ser humano acusado de um ato delituoso tem o direito de ser presumido inocente até que a sua culpabilidade tenha sido provada de acordo com a lei, em julgamento público no qual lhe tenham sido asseguradas todas as garantias necessárias à sua defesa.
2. Ninguém poderá ser culpado por qualquer ação ou omissão que, no momento, não constituíam delito perante o direito nacional ou internacional. Tampouco será imposta pena mais forte do que aquela que, no momento da prática, era aplicável ao ato delituoso.

Artigo XII

Ninguém será sujeito a interferências na sua vida privada, na sua família, no seu lar ou na sua correspondência, nem a ataque à sua honra e reputação. Todo ser humano tem direito à proteção da lei contra tais interferências ou ataques.

Artigo XIII

1. Todo ser humano tem direito à liberdade de locomoção e residência dentro das fronteiras de cada Estado.
2. Todo ser humano tem o direito de deixar qualquer país, inclusive o próprio, e a esse regressar.

Artigo XIV

1. Todo ser humano, vítima de perseguição, tem o direito de procurar e de gozar asilo em outros países.
2. Este direito não pode ser invocado em caso de perseguição legitimamente motivada por crimes de direito comum ou por atos contrários aos objetivos e princípios das Nações Unidas.

Artigo XV

1. Todo ser humano tem direito a uma nacionalidade.
2. Ninguém será arbitrariamente privado de sua nacionalidade, nem do direito de mudar de nacionalidade.

Artigo XVI

1. Os homens e mulheres de maior idade, sem qualquer restrição de raça, nacionalidade ou religião, têm o direito de contrair matrimônio e fundar uma família. Gozam de iguais direitos em relação ao casamento, sua duração e sua dissolução.
2. O casamento não será válido senão com o livre e pleno consentimento dos nubentes.
3. A família é o núcleo natural e fundamental da sociedade e tem direito à proteção da sociedade e do Estado.

Artigo XVII

1. Todo ser humano tem direito à propriedade, só ou em sociedade com outros.
2. Ninguém será arbitrariamente privado de sua propriedade.

Artigo XVIII

Todo ser humano tem direito à liberdade de pensamento, consciência e religião; esse direito inclui a liberdade de mudar de religião ou crença e a liberdade de manifestar essa religião ou crença pelo ensino, pela prática, pelo culto em público ou em particular.

Artigo XIX
Todo ser humano tem direito à liberdade de opinião e expressão; esse direito inclui a liberdade de, sem interferência, ter opiniões e de procurar, receber e transmitir informações e ideias por quaisquer meios e independentemente de fronteiras. (ONU, 1948)

Estabelecemos, a seguir, uma síntese dos direitos civis reconhecidos pelos documentos citados.

- **Direito à vida, liberdade e segurança pessoal** – Pressupõe não somente que a vida e a liberdade do homem sejam reconhecidas pelo Estado, mas também o direito de se defender. O Pacto Internacional sobre Direitos Civis e Políticos de 1966 se detém a respeito da questão da pena de morte, tolerando-a nos países em que esteja inserida no ordenamento jurídico vigente, desde que seja restrita a crimes graves, dentro da garantia de um julgamento, nos termos da lei. O documento também proíbe a aplicação da pena de morte a menores de 18 anos ou mulheres grávidas, apresentando também para os condenados à pena capital a possibilidade de pedir indulto ou comutação da pena.
- **Direito ao reconhecimento na condição de pessoa** – É importante do ponto de vista teórico e nos remete ao que foi discutido no Capítulo 1. Ao dizer que todo ser humano deve ser considerado como pessoa perante a Lei, a Declaração Universal dos Direitos Humanos de 1948 e o Pacto Internacional sobre Direitos Civis e Políticos de 1966 reiteram que ele é sujeito de direitos e deveres, devendo ser tratado como tal, não podendo ser transformado em objeto de manipulação por outras pessoas.
- **Direito à integridade física** – Estabelece que nenhuma pessoa humana pode ser submetida a tratamentos degradantes ou à tortura.

O Pacto Internacional sobre Direitos Civis e Políticos de 1966 assinala também a necessidade de haver o consentimento voluntário de uma pessoa humana para que alguém sirva de cobaia em experiências médicas ou científicas.

- **Direito à liberdade** – Ninguém pode ser arbitrariamente privado de sua liberdade sob a forma de exílio, prisão, detenção, escravidão ou servidão. Novamente, o pacto internacional previamente citado esclarece que não são considerados como escravidão os trabalhos obrigatórios impostos por tribunal competente como punição por um delito, o serviço militar, os serviços de urgência em casos de calamidade pública ou as obrigações cívicas ordinárias comuns a todos os cidadãos de um país. O pacto também especifica que, quando for efetivada a prisão legal de um indivíduo, ele deve ser informado das razões de sua prisão e ter acesso à defesa e a julgamento por tribunal competente. Os indivíduos que forem privados de sua liberdade por motivo criminal devem receber tratamento de acordo com a dignidade humana, valendo os princípios anteriormente elencados acerca da integridade física e moral.
- **Direito de locomoção** – Toda pessoa humana pode se locomover livremente em seu país e escolher seu local de residência. Esse direito também diz respeito à possibilidade de a pessoa mudar de país, mas não impede que as autoridades dos países estabeleçam restrições ao ingresso de estrangeiros quando houver razões de segurança ou ordem nacional. O direito de locomoção também pressupõe o direito de pedir asilo em outra nação em razão de perseguições políticas, religiosas, ideológicas ou outras similares.
- **Direito à vida privada** – Abrange a intimidade da pessoa, em sua esfera física e interior. Esse direito garante que o Estado ou outras pessoas não tenham ingerência indevida na vida privada da pessoa, como o acesso à residência, à correspondência, à vida conjugal ou

familiar. Esse direito também garante que a pessoa tenha sua honra e sua reputação protegidas por lei.

- **Direito ao casamento e a constituir família** – Toda pessoa maior de idade tem direito de contrair casamento e formar família com outro indivíduo, independentemente de crença, convicção filosófica, classe social, etnia etc., desde que o enlace matrimonial esteja apoiado no consentimento de ambos os nubentes. Esse direito também pressupõe que o Estado proteja o casamento e a família, como bases da sociedade. O Estado também deve reconhecer, aos pais ou tutores, o direito de educar os filhos ou tutelados, de acordo com as próprias convicções morais e religiosas desses pais ou tutores.
- **Direito à nacionalidade** – Toda pessoa tem o direito de ter uma nacionalidade, isto é, ser considerado cidadão de algum país ou nação, e de mudar de pátria, não podendo ser privado desse direito de forma arbitrária.
- **Direito a um julgamento justo** – A pessoa humana deve ter acesso a um julgamento de acordo com as leis, conhecimento sobre os elementos desse julgamento e a possibilidade de se defender. Isso também pressupõe o direito de reparação ou indenização, por parte do Estado, quando uma pessoa for condenada por um crime que ela não cometeu.
- **Direito à liberdade de crença e opinião** – Todo indivíduo pode defender livremente crenças religiosas, opiniões ideológicas e filosóficas, sem ser coagido a aderir a alguma outra crença ou opinião. Esse direito também abrange a liberdade de a pessoa expressar e divulgar suas crenças e opiniões, desde que não envolvam a apologia ao ódio racial, nacional, étnico, religioso etc. O direito à liberdade religiosa não é somente privado, o que significa que o Estado deve proteger também os cultos, os símbolos e os ritos religiosos.

- **Direito à propriedade** – Todo ser humano pode usar legitimamente suas posses e seus bens, que devem ser reconhecidos e tutelados pelo Estado. Essa regra, naturalmente, não se estende aos bens adquiridos de forma ilícita, como por meio de corrupção ou demais atividades criminosas.

Desse modo, fizemos uma breve explanação sobre os direitos civis básicos, defendidos pela Declaração Universal dos Direitos Humanos de 1948 e pelo Pacto Internacional sobre Direitos Civis e Políticos de 1966.

3.3 Os direitos políticos

Além de ter autonomia em vida privada e nas relações em sociedade, a pessoa humana goza também de direitos de participação na sociedade em que está inserida. Ao explicar os direitos políticos, Weis (2018, p. 3) aponta que "os direitos políticos, diferentemente, são exercidos frente ao ou no Estado, como poderes da pessoa de tomar parte na vida política e na direção dos assuntos políticos de seu país". Os direitos políticos assemelham-se aos direitos civis, mas versam principalmente sobre a possibilidade de a pessoa ter participação nos destinos políticos e governamentais de seu país, pois esses acontecimentos influem na vida desse indivíduo, por causa de sua inserção na dita sociedade.

O direito político não é apenas passivo, uma não interferência ou tutela do Estado, mas uma possibilidade de a pessoa participar do Estado. A respeito disso, podemos dizer que esse direito, embora implícito na natureza social e política do homem, formou-se ao longo de um processo histórico, pois o Estado tal qual o conhecemos também é resultado de uma formação histórica. A ideia de um Estado institucional e impessoal, do qual as pessoas tomam parte para administrar, ordenar e organizar a sociedade, é resultado de uma série de movimentos políticos e concepções teóricas acerca das finalidades e dos limites de autoridades e poderes civis que, originalmente, eram exercidos de forma mais personalista, de modo que o governo identificava-se com a pessoa e a vontade do governante.

Encontramos os direitos políticos redigidos da seguinte forma, na Declaração Universal dos Direitos Humanos de 1948:

> Artigo XX
> 1. Todo ser humano tem direito à liberdade de reunião e associação pacífica.
> 2. Ninguém pode ser obrigado a fazer parte de uma associação.
>
> Artigo XXI
> 1. Todo ser humano tem o direito de tomar parte no governo de seu país diretamente ou por intermédio de representantes livremente escolhidos.
> 2. Todo ser humano tem igual direito de acesso ao serviço público do seu país.
> 3. A vontade do povo será a base da autoridade do governo; esta vontade será expressa em eleições periódicas e legítimas, por sufrágio universal, por voto secreto ou processo equivalente que assegure a liberdade de voto. (ONU, 1948)

A seguir, sintetizamos como se verificam em sociedade os principais direitos políticos.

- **Direito de associação** – Toda pessoa humana tem direito de associar-se com outras pessoas, em busca da promoção de seus interesses legítimos. Nesse caso, podemos exemplificar com os sindicatos, organizações não governamentais (ONGs) ou partidos políticos. Esse direito não anula, entretanto, a necessidade de conformação às leis vigentes e às normas de segurança estipuladas pelas forças militares ou instituições policiais do país. No fundo, podemos dizer que a própria organização dos Estados, nações e demais sociedades ou comunidades derivam da capacidade associativa do ser humano. Nesse sentido, podemos recordar os direitos civis, que reconhecem a família como base da sociedade: o núcleo familiar é, por excelência, a primeira associação e comunidade humana.

- **Direito de participação política** – Toda pessoa humana tem direito de participar da política e do governo de seu país, direta ou indiretamente (por meio de representantes, eleitos ou reconhecidos). Isso pressupõe que todo adulto com consciência e no uso de suas faculdades possa tanto eleger representantes e membros do governo quanto eleger-se para esses cargos. Ter direito a participar da política de seu país também significa poder ter acesso aos serviços públicos oferecidos pelo Estado. O poder deve estar fundamentado na vontade popular, ou seja, os governantes devem governar de acordo com os interesses de seu povo. Naturalmente, a vontade do povo, nesse contexto, diz respeito a uma participação consciente e uma vontade orientada pela ética.

Quando tratamos da vontade popular, devemos lembrar da distinção feita pelo papa Pio XII entre "povo" e "massa": *povo* designa um conjunto de pessoas conscientes, que agem racionalmente para tomar decisões. Já *massa* significa um conjunto de pessoas que agem conforme o impulso ou as emoções de um determinado momento ou situação (Pio XII, 1944). Dessa forma, o direito de reconhecimento da vontade do povo na política não deve ser confundido com o uso de multidões ou protestos. Os regimes totalitários costumam utilizar comícios, protestos e plebiscitos com grande número de pessoas, para dar aparência de respaldo popular às suas ações governamentais e partidárias.

3.4 Os direitos sociais

Os direitos sociais dizem respeito aos elementos de que o ser humano necessita para viver em sociedade, especialmente alguns direitos materiais. As primeiras declarações sobre os direitos humanos surgiram em contextos de luta entre a visão de mundo liberal e o modelo social e político do Antigo Regime europeu. Com as modificações advindas da Revolução Industrial, em relação a costumes e normas que regiam as relações de trabalho e os meios de subsistência da sociedade ocidental, alguns pensadores notaram a necessidade de se explicitar os direitos sociais da pessoa humana. Esses direitos, portanto, estão ligados às necessidades da sobrevivência humana e chamam-se *sociais* porque decorrem da forma de vida característica do ser humano: o convívio em uma sociedade, com organização, regras, comunicação e outras formas de convivência.

Além de constarem na Declaração Universal dos Direitos Humanos de 1948 (ONU, 1948), os direitos sociais, econômicos e culturais são regidos pelo Pacto Internacional sobre Direitos Econômicos, Sociais e Culturais, de 19 de dezembro de 1966, ratificado pelo governo brasileiro por meio do Decreto n. 591, de 6 de julho de 1992 (Brasil, 1992a).

Os direitos sociais encontram-se redigidos da seguinte forma, conjuntamente com os direitos econômicos, na Declaração de 1948:

> Artigo XXII
> Todo ser humano, como membro da sociedade, tem direito à segurança social, à realização pelo esforço nacional, pela cooperação internacional e de acordo com a organização e recursos de cada Estado, dos direitos econômicos, sociais e culturais indispensáveis à sua dignidade e ao livre desenvolvimento da sua personalidade.

Artigo XXIII

1. Todo ser humano tem direito ao trabalho, à livre escolha de emprego, a condições justas e favoráveis de trabalho e à proteção contra o desemprego.
2. Todo ser humano, sem qualquer distinção, tem direito a igual remuneração por igual trabalho.
3. Todo ser humano que trabalha tem direito a uma remuneração justa e satisfatória que lhe assegure, assim como à sua família, uma existência compatível com a dignidade humana e a que se acrescentarão, se necessário, outros meios de proteção social.
4. Todo ser humano tem direito a organizar sindicatos e a neles ingressar para proteção de seus interesses.

Artigo XXIV

Todo ser humano tem direito a repouso e lazer, inclusive a limitação razoável das horas de trabalho e a férias remuneradas periódicas.

Artigo XXV

1. Todo ser humano tem direito a um padrão de vida capaz de assegurar a si e à sua família saúde, bem-estar, inclusive alimentação, vestuário, habitação, cuidados médicos e os serviços sociais indispensáveis e direito à segurança em caso de desemprego, doença, invalidez, viuvez, velhice ou outros casos de perda dos meios de subsistência em circunstâncias fora de seu controle.
2. A maternidade e a infância têm direito a cuidados e assistência especiais. Todas as crianças, nascidas dentro ou fora do matrimônio, gozarão da mesma proteção social. (ONU, 1948)

Explanamos a seguir, de forma mais esquematizada, alguns dos direitos sociais do ser humano.

- **Direito à saúde** – Todo ser humano deve ter acesso a tratamentos médicos ou outros procedimentos de que necessite, para conservar ao máximo seu estado de saúde. Esse acesso à saúde (física e psicológica) pode ser garantido de diversas formas: diretamente, por meio do Estado, nos sistemas públicos de saúde; ou indiretamente, pela atuação de associações solidárias, filantrópicas ou instituições de caridade. Esse direito pressupõe também uma ação por parte do Estado, bem como das comunidades ou demais instituições na conscientização sobre higiene e prevenção de doenças, combate às epidemias, entre outras questões. O acesso à saúde deve ser garantido igualmente, nos casos em que enfermidades, ou outros problemas físicos ou psicológicos graves, impeçam a pessoa de promover o próprio sustento.

- **Direito à pensão e previdência em caso de necessidade** – Toda pessoa humana que esteja em caso de invalidez (física ou mental), situação de enfermidade, viuvez, velhice ou outra necessidade semelhante tem o direito a alguma forma de pensão ou previdência material, geralmente de forma pecuniária, que lhe garanta o sustento da vida. Esse direito reveste-se de singular importância, pois mostra que as pessoas dependentes por causa de alguma necessidade particular têm a mesma dignidade que aquelas que gozam de plenas capacidades físicas, mentais e produtivas.
- **Direito ao repouso e ao lazer** – Todo ser humano tem direito a períodos de descanso, férias remuneradas, limitação na jornada de trabalho. Da mesma forma, a pessoa humana tem direito ao lazer, entretendo-se da forma que achar mais conveniente.
- **Direitos das crianças** – Toda pessoa humana que ainda não tenha atingido determinada idade deve ter garantido seu sustento, a formação e a educação por parte de seus pais e tutores. As crianças também têm direito de ser protegidas de trabalhos forçados ou tratos abusivos.
- **Direito à família e à maternidade** – A família goza de proteção do Estado, na condição de instituição-base da sociedade. Dessa segurança, derivam as leis de proteção à gravidez, maternidade e autonomia de pais ou tutores na formação e no desenvolvimento dos próprios filhos.

Esses são, basicamente, os direitos sociais garantidos aos seres humanos pelos acordos internacionais que citamos.

3.5 Os direitos culturais

Para entendermos melhor essa gama de direitos, tomados como *culturais*, que de certa forma transcendem a dimensão meramente material do ser humano, precisamos primeiramente entender o que é cultura. No vocabulário cotidiano, usamos o termo *cultura* para designar:

- a formação intelectual e comportamental de uma pessoa;
- o modo de vida de determinado povo[2].

Quando falamos em *direitos culturais*, estamos nos referindo a esses dois sentidos, sendo que esses direitos dizem respeito à formação científica e comportamental da pessoa humana, bem como sua participação nos hábitos culturais de sua sociedade (Mathews, 2002).

Na declaração de 1948 da ONU, os direitos sociais encontram-se de forma bastante abreviada:

> Artigo XXVI
> 1. Todo ser humano tem direito à instrução. A instrução será gratuita, pelo menos nos graus elementares e fundamentais. A instrução elementar será obrigatória. A instrução técnico-profissional será acessível a todos, bem como a instrução superior, esta baseada no mérito.
> 2. A instrução será orientada no sentido do pleno desenvolvimento da personalidade humana e do fortalecimento do respeito pelos direitos do ser humano e pelas liberdades fundamentais. A instrução promoverá a compreensão, a tolerância e a amizade entre todas

---

2 Veja as considerações e referências indicadas na Seção 5.3, dedicada ao problema migratório, na qual voltaremos a dissertar acerca do problema da cultura.

as nações e grupos raciais ou religiosos e coadjuvará as atividades das Nações Unidas em prol da manutenção da paz.
3. Os pais têm prioridade de direito na escolha do gênero de instrução que será ministrada a seus filhos.

Artigo XXVII
1. Todo ser humano tem o direito de participar livremente da vida cultural da comunidade, de fruir as artes e de participar do progresso científico e de seus benefícios.
2. Todo ser humano tem direito à proteção dos interesses morais e materiais decorrentes de qualquer produção científica literária ou artística da qual seja autor.

Agora, explanamos brevemente quais são os pormenores característicos desses direitos.

- **Direito à instrução** – O ser humano tem direito à instrução básica de forma gratuita e também o direito a acessar o ensino técnico-profissionalizante, sendo o superior baseado no critério do mérito. A instrução deve se dar no respeito pela pessoa humana e suas liberdades, bem como na conscientização acerca dos direitos humanos. A prioridade no direito de escolha sobre o modelo educativo de crianças e adolescentes cabe a seus pais ou tutores.
- **Direito à participação na vida cultural** – Toda pessoa tem o direito a tomar parte nas manifestações artísticas, de participar do progresso científico e de usufruir dos benefícios decorrentes do dito progresso. Esse direito também garante que os direitos morais e materiais da produção artística ou científica sejam protegidos.
- **Direito à liberdade artística e científica** – As artes e as ciências podem se desenvolver livremente desde que não atentem contra os demais direitos humanos.

Esses são os direitos culturais garantidos às pessoas humanas, conforme os direitos universais reconhecidos.

3.6 Os direitos econômicos e ambientais

Os direitos econômicos dizem respeito à organização e distribuição dos bens de consumo e o sustento do ser humano em sociedade. Podemos, de certa forma, afirmar que os direitos ambientais derivam dos direitos econômicos, haja vista que os bens de consumo de que o ser humano necessita são obtidos, direta ou indiretamente, dos recursos materiais encontrados na natureza (em sentido físico ou biológico), no meio ambiente. Os direitos econômicos encontram-se redigidos de forma resumida na Declaração Universal dos Direitos Humanos de 1948 (ONU, 1948) conjuntamente com os direitos sociais (entre os arts. 22, 23 e 25, já citados).

A seguir, explanamos brevemente como se dão alguns desses direitos econômicos.

- **Direito à moradia** – Toda pessoa humana tem direito a uma moradia digna para si e sua família. Isso não significa, contudo, que o Estado seja necessariamente responsável por conceder moradia digna a todas as famílias, mas que deve ordenar a sociedade de forma que todas as pessoas possam, por meio de seu trabalho e meios de sustento, ter acesso a uma habitação decente para si e seus familiares.
- **Direito ao próprio sustento físico e material** – Todo ser humano tem direito aos meios básicos materiais de subsistência, como vestimentas e alimentos. Nesse caso, além de garantir a preservação e o desenvolvimento da vida física, o indivíduo também tem acesso à proteção de sua intimidade corporal, por meio das vestimentas.
- **Direito ao trabalho** – Toda pessoa humana tem direito de escolher, livremente, um trabalho para obter sustento pessoal e o de sua

família. Esse direito implica também em acesso à remuneração justa, que esteja de acordo com as exigências do trabalho e com as necessidades básicas de sustento pessoal e familiar; condições de trabalho não degradantes, com limites de jornada, proteção e mecanismos de segurança no caso de trabalhos de risco; e proteção, em caso de desemprego. Devemos recordar que também é um direito relativo ao trabalho o direito de associação, no quesito específico de defesa dos interesses do trabalhador na luta por seus direitos, como sindicatos, corporações ou associações semelhantes.

Os direitos ambientais não se encontram no texto original da Declaração Universal dos Direitos Humanos de 1948. Trata-se de uma questão que entrou em pauta posteriormente, a partir da década de 1990, com a constatação dos danos causados ao meio ambiente, pelo crescimento industrial e pelo consumo desenfreado, que podem se tornar irreversíveis. A dependência do homem em relação ao meio ambiente faz com que alguns direitos ambientais sejam, por consequência lógica, também direitos humanos vinculados indiretamente à qualidade de vida e à sobrevivência do ser humano.

A seguir apresentamos como alguns desses direitos aparecem, conforme o exposto na Declaração sobre Meio Ambiente e Desenvolvimento, de 14 de junho de 1992, também conhecida como *Declaração do Rio de Janeiro*, redigida em conferência da ONU (1992) chamada *Eco-92*.

- **Direito ao desenvolvimento sustentável** – Toda pessoa humana tem o direito a uma vida saudável e produtiva que não danifique a natureza.
- **Direito das gerações futuras** – O desenvolvimento material dos povos deve levar em conta as necessidades das gerações presentes e também das próximas, de forma que os recursos naturais sejam explorados tendo em vista sua continuidade, e não seu esgotamento.

- **Direito aos recursos naturais** – Os Estados e as sociedades humanas têm o direito de explorar seus recursos naturais, desde que o façam de forma responsável, respeitando o meio ambiente.

Síntese

Com base no que tratamos nos capítulos anteriores, os direitos humanos foram se afirmando aos poucos na história, primeiro em suas dimensões mais individuais e depois em suas dimensões mais sociais.

Neste capítulo, destacamos como os direitos da pessoa humana dividem-se em direitos civis, políticos, econômicos, culturais, sociais e ambientais. Esses direitos se encontram elencados e explicitados em declarações e tratados internacionais, produzidos pela ONU. Sobre a classificação desses direitos, podemos resumir este capítulo da seguinte forma:

- Os direitos civis dizem respeito à pessoa na condição de indivíduo: direito à vida e integridade física, direito de formar família, direito de locomoção, direito a julgamento justo etc.
- Os direitos políticos se referem à participação da pessoa humana na vida pública de seu país, podendo tomar parte nas decisões que também a influenciam, na condição de membro da sociedade.
- Os direitos sociais se referem à vida do homem em sociedade: direito à seguridade social, à previdência, ao amparo em caso de deficiência etc.
- Os direitos econômicos se relacionam com o uso de bens e recursos necessários à vida do homem: direito ao emprego, à moradia, a alimentos etc.
- Os direitos culturais dizem respeito à formação da pessoa: educação, ensino, inserção na vida cultural da comunidade.

- Os direitos ambientais relacionam-se com os direitos humanos na medida em que o ser humano precisa do meio ambiente para ter acesso aos recursos naturais necessários à sua vida.

É importante recordar que esses direitos, embora analisados separadamente para fins de estudo e de aplicação prática, devem ser vistos como um conjunto que visa promover o ser humano em sua dimensão integral.

Atividades de autoavaliação

1. Sobre a Declaração Universal dos Direitos Humanos, de 10 de dezembro de 1948 (ONU, 1948), assinale as afirmativas com V para as verdadeiras e F para as falsas:
   ( ) A declaração de 1948 é um documento jurídico que obriga os países signatários ao cumprimento legal.
   ( ) A declaração de 1948 enuncia os princípios que os países-membros devem se esforçar para alcançar, na construção de suas sociedades.
   ( ) Os pactos internacionais explicitam melhor os pormenores dos direitos humanos e vinculam os países signatários à observância jurídica dos direitos enunciados no documento.
   ( ) A declaração de 1948 estabelece uma divisão clara entre os tipos de direitos.

   Agora, assinale a alternativa que contém a sequência correta:
   a) V, F, V, F.
   b) F, F, V, V.
   c) V, V, V, V.
   d) F, V, V, F.

2. Os direitos civis e políticos:
   a) eram defendidos de forma mais nítida pelo liberalismo e pelas revoluções do século XVIII.
   b) buscam restringir os direitos de algumas pessoas, de acordo com sua extração social.
   c) separam as pessoas de acordo com sua participação política.
   d) dizem respeito aos itens básicos da sobrevivência humana.

3. Sobre os direitos sociais e econômicos, é correto afirmar:
   a) Dizem respeito somente às questões de trabalho e dinheiro.
   b) Foram defendidos com maior intensidade após as desigualdades e os abusos decorrentes da Revolução Industrial.
   c) Abrangem a liberdade religiosa e de opinião.
   d) Não estão contidos na Declaração Universal dos Direitos Humanos, de 10 de dezembro de 1948.

4. Os direitos ambientais que se relacionam mais diretamente com os direitos humanos são:
   a) o direito às gerações futuras, o direito ao desenvolvimento sustentável e o direito aos recursos naturais.
   b) os direitos de igualdade entre homens e animais.
   c) o direito à autonomia da natureza.
   d) o direito universal à terra.

5. Um dos direitos fundamentais do ser humano é o direito à vida e à integridade física. O Pacto Internacional sobre Direitos Civis e Políticos, Decreto n. 592/1992 (Brasil, 1992b) tolera a pena de morte, **exceto** quando:
   a) aplicada para crimes graves.
   b) oferecida a oportunidade de comutação da pena.
   c) aplicada com julgamento justo.
   d) aplicada para delitos de menor gravidade.

Atividades de aprendizagem

Questões para reflexão

1. As divisões políticas entre esquerda e direita surgem da difícil equação entre valorização da liberdade (diminuição do poder do Estado) e a promoção da igualdade (por meio de políticas públicas). Qual dos dois extremos parece ser mais comum hoje em dia no contexto brasileiro? Em sua opinião, existe um perigo de extremismo nas posições políticas do Brasil hoje? Esse fenômeno ameaça os direitos humanos? Justifique.

2. A ação legislativa e política é suficiente para a garantia dos direitos humanos na sociedade? Quais são as alternativas? Explique com exemplos.

Atividades aplicadas: prática

1. Leia o Pacto Internacional sobre Direitos Civis e Políticos, Decreto n. 592/1992 (Brasil, 1992b), e investigue se ele está sendo posto em prática na sociedade brasileira. Elenque três aspectos que você considera estar em discordância com o pacto.

2. Leia o Pacto Internacional sobre Direitos Econômicos, Sociais e Culturais, Decreto n. 591/1992 (Brasil, 1992b), e tente observar qual o conceito de cultura contido nesse texto e o que pode ser feito, no âmbito cotidiano, para facilitar o acesso a ela. Em seguida, aponte três atitudes práticas que você considera importantes para facilitar o acesso das pessoas à cultura.

4
Fundamentos teológicos dos direitos humanos[1]

1 Todas as passagens bíblicas indicadas neste capítulo são citações de Bíblia (2011).

A Igreja apresenta, em sua doutrina, uma teologia própria acerca do valor singular do ser humano e de seus direitos intrínsecos. Neste capítulo, esclareceremos como essa fundamentação foi elaborada na Bíblia, nos trabalhos de filósofos e teólogos cristãos, bem como no Magistério da Igreja.

4.1 A pessoa humana na teologia cristã

A pessoa humana é o destinatário da mensagem de doutrina e prática do Evangelho. Se, por um lado, a finalidade da religião cristã é prestar culto a Deus, o sujeito promotor desse culto é a pessoa humana, chamada à comunhão com Ele, por meio de Jesus Cristo e Sua Igreja. O projeto salvífico da intervenção de Deus na história humana coloca a Igreja a estar sempre refletindo sobre as pessoas, sua própria natureza e missão neste mundo, bem como sobre sua dimensão escatológica[2].

A antropologia cristã, resultante da combinação dos conceitos hebraicos da Escritura e os conceitos gregos da filosofia antiga, concebeu o homem como uma unidade composta de matéria (corpo) e espírito (alma), tal como já expusemos no Capítulo 1, ao tratarmos dos conceitos de natureza humana. Assim, o homem alcança sua realização na vida terrena, juntamente com a meta da bem-aventurança eterna. Dessa forma, a vida do ser humano na terra não se dissocia de sua vida futura, na visão beatífica.

A dignidade do homem, de acordo com a doutrina cristã, resulta de dois grandes fatos:

1. A Criação, em que Deus cria o ser humano à Sua imagem e semelhança.
2. A Redenção, em que o Filho de Deus, feito homem, eleva a dignidade humana por Sua vida exemplar e por Seu sacrifício redentor na Cruz.

Por meio da Nova Aliança[3], o homem é chamado novamente a fazer-se imagem de Deus, em um sentido mais perfeito, isto

2 Referente às realidades *post mortem* e do fim dos tempos.

3 Na teologia cristã, chama-se *Nova Aliança* o relacionamento entre Deus e o ser humano, inaugurado com os ensinamentos de Cristo e a instituição da Igreja. A Antiga Aliança refere-se ao relacionamento entre Deus e o povo hebreu, no Antigo Testamento da Bíblia.

é, imitando a Jesus Cristo, como podemos ver nos parágrafos 7 a 17 do documento *Comunhão e serviço: a pessoa humana criada à imagem de Deus*, da Comissão Teológica Internacional (2004). Em suma, podemos dizer que o conceito essencial da pessoa humana é o de *imago Dei* (imagem de Deus). Analisemos alguns pormenores desse conceito com base nesse documento da Comissão Teológica Internacional (2004).

Segundo o documento, a antropologia do Antigo Testamento apresenta uma ruptura com as demais religiões do Oriente Próximo, pois coloca todo ser humano como imagem de Deus, e não somente os monarcas ou os representantes da divindade:

> 8. O conceito veterotestamentário do ser humano criado à *imago Dei* reflete em parte o pensamento do antigo Oriente Próximo, segundo o qual o rei era a imagem de Deus na terra. A interpretação bíblica é, porém, diferente, enquanto estende o conceito de imagem de Deus a todos os seres humanos. A Bíblia se diferencia ulteriormente do pensamento do Oriente Próximo ao ver o ser humano como dirigido antes de tudo não para o culto dos deuses, mas para o cultivo da terra (cf. Gn 2,15). Ligando, por assim dizer, o culto mais diretamente com o cultivo da terra, a Bíblia compreende que a atividade humana nos seis dias da semana tem por meta o sábado, dia de bênção e santificação. (Comissão Teológica Internacional, 2004)

Dessa forma, além de atribuir a todos os homens o caráter de imagem divina, a Escritura hebraica coloca, com a explicação dos seis dias da Criação e o sétimo dia de descanso, uma unidade entre o trabalho humano e a relação entre o homem e Deus. O documento ainda afirma que o ser humano foi criado à imagem e semelhança de Deus, não em apenas um ou outro aspecto, mas em sua totalidade de ser material (corpóreo) e espiritual. O Antigo Testamento ainda acentua a dimensão comunitária e relacional com a qual o homem foi criado por Deus, ao falar da criação do macho e da fêmea, bem como ao frisar a relação do ser humano com Deus e o mundo criado. Assim, já no Antigo Testamento podemos ver a dimensão do homem não somente como indivíduo, mas também como pessoa, em seu sentido relacional, conforme ressalta o parágrafo 10 do documento (Comissão Teológica Internacional, 2004).

Com a novidade da Encarnação, do nascimento, da vida terrena, da Paixão, da morte e da ressurreição de Jesus Cristo, Filho de Deus, a antropologia bíblica ganhou uma nova dimensão: a vocação do homem a ser imagem de Cristo, que é a imagem perfeita de Deus:

> 12. Como a imagem perfeita de Deus é o Cristo em pessoa (2Cor 4,4; Cl 1,15; Hb 1,3), o ser humano deve ser a ele conformado (Rm 8,29) para se tornar filho do Pai através do poder do Espírito Santo (Rm 8,23). Com efeito, para "tornar-se" imagem de Deus, é indispensável que o ser humano participe ativamente na sua transformação segundo o modelo da imagem do Filho (Cl 3,10), que manifesta a própria identidade através do movimento histórico desde a sua Encarnação até a Glória. Segundo o modelo traçado em primeiro lugar pelo Filho, a imagem de Deus em cada pessoa é constituída pelo seu próprio percurso histórico que parte da criação, passando pela conversão do pecado, até à salvação e ao seu cumprimento. Precisamente como Cristo manifestou o seu senhorio sobre o pecado e sobre a morte através de sua Paixão e Ressurreição, assim cada ser humano alcança a própria soberania através do Cristo no Espírito Santo – não somente uma soberania sobre a terra e sobre o reino animal (como afirma o AT) – mas principalmente sobre o pecado e sobre a morte. (Comissão Teológica Internacional, 2004)

Conforme o documento que estamos analisando, a configuração do homem à imagem de Cristo dá-se por meio dos sacramentos, como apontado no parágrafo 13 (Comissão Teológica Internacional, 2004). Dessa forma, a criatura humana, configurada com Cristo, torna-se ainda maior em dignidade, pois, pelo sacramento do batismo, é elevada à categoria de *filho de Deus*. Interessante notar que o próprio documento ressalta, no parágrafo 14, como a concepção cristológica de imagem modificou a relação dos fiéis, com a utilização de imagens figurativas no culto, argumento esse utilizado por São João Damasceno e pelo II Concílio de Niceia (787 d.C.), durante os embates teológicos com a heresia do iconoclasmo. A Encarnação do Verbo divino, por assim dizer, acaba por reabilitar a legitimidade da representação dos seres vivos e da Criação, sem mais o risco de confundir a criatura com o Criador, que revelou seu rosto no Filho humanado.

Alguns Padres da Igreja elaboraram novas concepções sobre a ideia do *homo imago Dei* (homem, imagem de Deus), fazendo distinções entre imagem e semelhança ou diferentes formas de imagem. Para o Bispo Irineu de Lyon (130 d.C.-202 d.C.), no século II d.C., havia na relação entre a criatura humana e Deus uma distinção entre imagem (aspecto ontológico) e semelhança (aspecto moral). Em uma linha semelhante, Tertuliano de Cartago (ca. 160 d.C.-ca. 220 d.C.), no século III d.C., apontava que, enquanto a imagem de Deus no homem jamais se perdia ou destruía, a semelhança poderia se perder, por causa do pecado. Por outro lado, Santo Agostinho de Hipona (354 d.C.-430 d.C.), no século IV d.C., interpretou a ideia de imagem de Deus no sentido das potências da alma humana, cuja natureza se orientava para Deus (Comissão Teológica Internacional, 2004).

A associação da *imago Dei* com alguns atributos ou algumas potências da natureza humana foi retomada, com intensidade, pelos teólogos da escolástica medieval:

> 16. Em Tomás de Aquino, a *imago Dei* possui uma natureza histórica, enquanto passa por três fases: a *imago creationis (naturae)*, a *imago recreationis (gratiae)* e a *imago similitudinis (gloriae)* (*S. Th.* I q. 93 a. 4)[4]. Para o Aquinatense, a *imago Dei* é o fundamento

4 Nos documentos eclesiásticos, as referências são feitas de maneira diferente. Neste parágrafo, citam-se as obras de Santo Tomás de Aquino, *Suma teológica* (S. Th., publicada entre 1259 e 1265), em seu volume I, questão 93; também a obra de São Boaventura (1221-1274), *Comentários para os quatro livros das sentenças do Mestre Pedro Lombardo* (Sent., publicada entre 1250 e 1255) e a de Mestre Eckhart (1260-1328), *Sermões alemães*, editados originalmente por Josef Quint (Quint., publicada entre 1958 e 1976).

> da participação na vida divina. A imagem de Deus se realiza principalmente em um ato de contemplação no intelecto (*S. Th.* I q. 93 a. 4 e 7). Esta concepção se distingue da de São Boaventura, para quem a imagem se realiza principalmente através da vontade no ato religioso do ser humano (*Sent.* II d. 16 a. 2 q. 3). Mantendo-se nesta mesma visão mística, mas com maior audácia, Mestre Eckhart tende a espiritualizar a *imago Dei*, pondo-a no vértice da alma e separando-a do corpo (*Quint.* I,5,5-7; V, 6.9s). (Comissão Teológica Internacional, 2004)

Durante a Reforma protestante, católicos e protestantes dividiram-se quanto ao entendimento sobre o ser humano, na condição de imagem de Deus. Os protestantes consideravam a imagem de Deus corrompida no homem pelo pecado, enquanto para os católicos, a imagem havia sido ferida, mas não anulada. Além disso, o alvorecer da filosofia moderna produziu várias críticas à noção do *homem* como imagem de Deus, pois os filósofos passaram a ver o homem como referencial, considerando-o como sujeito autônomo que se constrói sem a necessidade da relação com Deus, assunto que é tratado entre os parágrafos 17 e 19 do documento (Comissão Teológica Internacional, 2004). Como expusemos no Capítulo 1, os filósofos da modernidade passaram a definir o homem com base em suas características como a razão, a liberdade ou o sentimento. Como observamos no Capítulo 2, contudo, essas novas noções não impediram o surgimento de ideias, pretensamente científicas, que negavam a igualdade entre os homens.

Algumas correntes teológicas ocidentais do século XX também se mostraram contrárias ao conceito do ser humano como imagem de Deus, posto que associavam esse conceito a uma suposta arrogância do homem, a uma falta de foco na prática cristã ou a um desprezo pelos outros seres vivos da Criação divina. Entretanto, com a redescoberta sobre as fontes antigas (um novo olhar mais atento às Escrituras, à patrística e à escolástica), alguns teólogos buscaram recuperar a noção de *homo imago Dei*, que reapareceria, com força, no Concílio Vaticano II. Na constituição pastoral *Gaudium et Spes* (Concílio Vaticano II, 1965a), a Igreja reafirmou que todo homem é *imago Dei*, porque foi criado orientado para Deus, um ser capaz de conhecer e amar seu Criador em uma dimensão integral: tanto espiritual quanto corporalmente. Seguindo essa linha de raciocínio, o documento conciliar apresentava Cristo como a imagem perfeita de Deus, em quem os homens encontram o sentido para a vida e a morte, recordando que os santos são imagem de Cristo ao espelharem-se nEle como modelo, nos parágrafos 22 e 23 desse documento (Comissão Teológica Internacional, 2004).

O Concílio Vaticano II reafirmou a antropologia ensinada pela Igreja, recuperando a ênfase na unidade entre a dimensão espiritual e a corpórea do homem, na relação deste com Deus e com o mundo criado:

> 14. O homem, ser uno, composto de corpo e alma, sintetiza em si mesmo, pela sua natureza corporal, os elementos do mundo material, os quais, por meio dele, atingem a sua máxima elevação e louvam livremente o Criador [...]. Não pode, portanto, desprezar a vida corporal; deve, pelo contrário, considerar o seu corpo como bom e digno de respeito, pois foi criado por Deus e há de ressuscitar no último dia. Todavia, ferido pelo pecado, o homem experimenta as revoltas do corpo. É, pois, a própria dignidade humana que exige que o homem glorifique a Deus no seu corpo [...], não deixando que este se escravize às más inclinações do próprio coração. Não se engana o homem, quando se reconhece por superior às coisas materiais e se considera como algo mais do que simples parcela da natureza ou anónimo elemento da cidade dos homens. Pela sua interioridade, transcende o universo das coisas: tal é o conhecimento profundo que ele alcança quando reentra no seu interior, onde Deus, que perscruta os corações [...], o espera, e onde ele, sob o olhar do Senhor, decide da própria sorte. Ao reconhecer, pois, em si uma alma espiritual e imortal, não se ilude com uma

> enganosa criação imaginativa, mero resultado de condições físicas e sociais; atinge, pelo contrário, a verdade profunda das coisas.[5] (Concílio Vaticano II, 1965a)

A teologia pós-Concílio também trouxe contribuições para a antropologia cristã. O documento já citado, da Comissão Teológica Internacional (2004), chamado *Comunhão e serviço: a pessoa humana criada à imagem de Deus*, aponta como elementos constitutivos da *imago Dei* humana, além da alma espiritual e suas faculdades (inteligência e vontade livres), a corporeidade, a sexualidade e a dimensão comunitária, no parágrafo 40:

> 40. As pessoas criadas à imagem de Deus são seres corpóreos cuja identidade, masculina ou feminina, os destina a um tipo especial de comunhão uns com os outros. Como ensinou João Paulo II, o significado nupcial do corpo encontra sua realização no amor e na intimidade humana, que refletem a comunhão da Santíssima Trindade, cujo amor recíproco se derrama na criação e na Redenção. Esta verdade está no centro da antropologia cristã. Os seres humanos são criados à *imago Dei* justamente como pessoas capazes de conhecimento e de amor pessoais e interpessoais. É em virtude da *imago Dei* neles que estes seres pessoais são também seres relacionais e sociais, compreendidos em uma família humana cuja unidade é ao mesmo tempo realizada e prefigurada na Igreja. (Comissão Teológica Internacional, 2004)

O mesmo documento também focaliza a vocação à Salvação, no parágrafo 47:

> 47. Compreendida nesta perspectiva da teologia da *imago Dei*, a salvação comporta a restauração da imagem de Deus por Cristo, imagem perfeita do Pai. Obtendo a nossa salvação através de sua Paixão, Morte e Ressurreição, Cristo nos conforma a si mesmo através de nossa participação no mistério pascal e restaura assim

5 Neste trecho, foram omitidas apenas as remissões a notas do original.

> a *imago Dei* em sua correta orientação para a bem-aventurada comunhão da vida trinitária. Nesta perspectiva, a salvação outra coisa não é senão uma transformação e uma realização da vida pessoal do ser humano, criado à imagem de Deus e agora novamente orientado para uma participação real na vida das Pessoas divinas, através da graça da Encarnação e a inabitação do Espírito Santo. A tradição católica fala aqui, com razão, de uma realização da pessoa. (Comissão Teológica Internacional, 2004)

Tendo em vista tudo o que foi exposto acerca da reflexão teológica da pessoa humana, fundamentada em sua dignidade de criatura à imagem e semelhança de Deus, seu Criador, resta-nos frisar que não se pode reduzir a dignidade humana a um dos elementos em que se observa a *imago Dei*. Com efeito, reduzir a dignidade do homem às suas capacidades intelectuais, volitivas ou produtivas poderia conduzir a erros concernentes à dignidade das pessoas humanas que careçam de alguma dessas potencialidades, na prática. Nesse caso, é importante lembrar a consideração que a Igreja tem pelos seres humanos que ainda residem no útero de suas mães, em total dependência, dos que padecem de doenças terminais, dos que apresentam alguma deficiência em suas capacidades físicas ou mentais e outros em estados similares. A Igreja ensina que todos têm a mesma dignidade, enquanto imagem e semelhança de Deus.

4.2 Fundamentos bíblicos

Como já expusemos no Capítulo 2, a conceituação de direitos humanos foi sendo desenvolvida e aprimorada ao longo da história. Logo, não encontraremos os direitos humanos, tal como estão sistematizados atualmente, na Sagrada Escritura. Entretanto, podemos observar algumas enunciações de direitos atribuídos por Deus aos homens na Bíblia, em contraposição a outras concepções existentes na Antiguidade.

Primeiramente, devemos saber que os textos do Antigo Testamento falam de Deus como a fonte de todo o direito e de toda a justiça. Essa convicção é apoiada na crença de Deus como Criador e Senhor do Universo, de todas as coisas. Assim, os direitos e os deveres primordiais dos seres humanos não provêm de convenção ou formulação humana, mas da própria justiça divina. O livro do Gênesis coloca o senhorio humano sobre a Criação como algo estabelecido por Deus, o que situa o homem em local de destaque diante das demais criaturas da natureza (Gn 1,26-30). Igualmente, o livro dos Salmos aponta para uma posição de destaque do homem, realçando seu senhorio sobre as demais criaturas (Sl 8,5-9). No senhorio humano sobre a Criação, podemos notar que está implícita uma ordem de Deus: para que o homem seja cooperante na obra da Criação, pela procriação, pelo domínio e pelo cuidado sobre a natureza (Comisión Teológica Internacional, 1983).

Os livros do Pentateuco (*Torah*, no nome hebraico) atribuem a Deus o caráter de legislador, ao dar ao povo eleito as tábuas da Lei mosaica. Nelas, podemos observar uma série de normas específicas para o povo hebreu, ao mesmo tempo que se enunciam claramente preceitos morais que se aplicam também aos outros povos. Embora a Lei mosaica seja redigida com sua tônica nos deveres e não nos direitos (como, aliás, praticamente todas as legislações dos antigos povos do Oriente Próximo), podemos observar nas mesmas normas alguns direitos implicitamente conferidos ao ser humano. Listamos a seguir alguns direitos, com base em Doig K. (1994).

- **Direito ao repouso** (Ex 20,8-11; Dt 5,12-15) – A obrigação de cessar o trabalho no sábado (o texto bíblico frisa que o repouso se estende a filhos, servos, estrangeiros e também animais) traz em si a ideia de um direito ao repouso semanal. Esse dever de descanso tem como base a ideia de que o homem deve consagrar parte de seu tempo para Deus. O texto deuteronômico é ainda mais interessante que o de Êxodo, pois evoca a situação de escravidão do povo hebreu no Egito para frisar o direito de descanso aos servos e estrangeiros: "Lembra-te de que foste escravo no Egito, de onde a mão forte e o braço poderoso do teu Senhor te tirou. É por isso que o Senhor, teu Deus, te ordenou observasses o dia do sábado" (Dt 5,15).

- **Proteção à família e ao casamento** (Ex 20,12.14.17; Dt 5,16.18.21) – A obrigação de honrar pai e mãe resulta no reconhecimento da importância da instituição familiar e da autoridade dos pais sobre os filhos, como fundamento importante da sociedade humana. Nesse sentido é que a Lei mosaica igualmente proíbe o adultério e o desejo adúltero.
- **Direito à vida** (Ex 20,13; Dt 5,17) – A vida humana é um dom, protegido por Deus.
- **Direito à honra** (Ex 20,16; Dt 5,20) – Além de estabelecer a importância da verdade como elemento para o funcionamento da sociedade, o mandamento que proíbe o falso testemunho implicitamente aponta para o direito da pessoa humana à honra e à boa reputação.
- **Direito à propriedade** (Ex 20,15.17; Dt 5,19.21) – A Lei de Deus protege os bens e as posses de cada pessoa, proibindo a cobiça e o roubo desses bens e posses.

Os capítulos 21 a 23 do Êxodo, bem como os capítulos 13 a 26 do Deuteronômio, estabelecem também uma série de punições para diferentes delitos – para a mentalidade de hoje, é estranho que grande parte das transgressões da Lei mosaica fosse punida com a morte. Para isso, devemos lembrar que a Revelação de Deus se faz concernente ao entendimento daqueles a quem é dirigida. O rigor da punição mosaica não é diferente do que se encontrava nas legislações dos povos antigos, em que a prisão não era geralmente entendida como uma punição em si, mas um local onde se colocavam os que seriam encaminhados a julgamento ou punição. Para o entendimento atual, vê-se como muito importante o elemento recuperativo da pena, isto é, que a pena ajude o criminoso a rever sua conduta e se reinserir na sociedade. Na mentalidade antiga, o objetivo principal da punição era a reparação rigorosa do dano cometido – naturalmente, sabemos que existem delitos mais graves, como assassinatos, estupros ou outros, em que a reparação é praticamente impossível de ser realizada na exata proporção do dano cometido –, por isso, frequentemente fazia-se com que, nos crimes vistos como mais graves perante aquelas sociedades, o delituoso pagasse com a perda da própria vida. Além do mais, o objetivo da Lei mosaica era realçar os males do pecado, além de diferenciar o povo hebreu dos demais povos pagãos, por meio do ideal de uma conduta exemplar. O Pentateuco coloca na voz de Deus as palavras: "Assim, tirarás o mal do meio de ti" (Dt 13,5; 19,19; 21,21; 22,24; 24,7), como justificativa frequente para punições mais fortes contra alguns delitos. O efeito primordial da punição na Lei mosaica era, além de vingar a ofensa ao mandamento divino, proteger o povo dos transgressores.

No rigor da Lei mosaica, contudo, encontramos também uma preocupação de Deus com a defesa dos pobres, dos fracos e dos explorados. O capítulo 22 do Êxodo defende as necessidades das viúvas, dos órfãos, dos estrangeiros e também condena os empréstimos que exploram o pobre, tirando-lhe o sustento. A defesa da justiça contra a opressão aparecia com maior ênfase nos escritos dos profetas, em que, já em uma época de decadência da religião e da moral do povo hebreu, os mensageiros de Deus alertavam para a necessidade da misericórdia e do socorro aos necessitados, sem a qual os ritos externos tornavam-se sem valor, e até mesmo desprezíveis, aos olhos do Senhor (Comisión Teológica Internacional, 1983).

Esse mesmo documento, chamado *Dignidad y derechos de la persona humana* ("Dignidade e direitos da pessoa humana"), da Comissão Teológica Internacional, disponível apenas em espanhol no *site* oficial do Vaticano, sintetiza a visão da justiça e misericórdia de Deus para com os pobres e oprimidos no Antigo Testamento, em sua Seção 2.1.1, "Perspectivas bíblicas":

> O fundamento da vida moral e social do povo de Israel é a aliança entre Deus e suas criaturas. Nesta misericórdia para com os pobres, Deus mostra sua justiça (*sedaqua Yahveh*) e exige a obediência dos homens às suas instruções. Nesta observância da lei se inclui a reverência aos direitos dos outros homens quanto à vida, à honra, à verdade, à dignidade do matrimônio, ao uso dos bens próprios. Os *anawim Yahveh*, ou seja, os pobres e oprimidos, devem ser honrados de modo especial. Assim, Deus exige por seus dons, por parte do homem, um espírito semelhante de misericórdia e fidelidade (*hesed weemeth*). (Comisión Teológica Internacional, 1983, tradução nossa)

Diferentemente das leis cerimoniais da Torah (como a proibição de comer certos alimentos, o uso de elementos diferenciados na vestimenta, a proibição de certos tipos de corte nos cabelos, os ritos específicos do culto sacerdotal e levítico no Tabernáculo e no Templo etc.), as leis morais de respeito à vida, ao casamento, aos oprimidos, entre outras similares, são exigidas da parte de Deus também para os outros povos, e o Antigo Testamento descreve Deus castigando outros reinos e outras populações pela violação dessas normas (Am 1-2). Podemos ver, nos escritos dos profetas, que a punição divina aos delitos morais se estende tanto a Israel quanto aos demais povos, conforme aponta a Comissão Teológica Internacional (2009):

> 22. O dom da Lei no Sinai, da qual as "dez palavras" constituem o centro, é um elemento essencial da experiência religiosa de Israel. Essa Lei da aliança comporta preceitos éticos fundamentais. Eles definem o modo como o povo eleito deve responder à escolha de Deus por meio de uma vida santa: "Fala a toda a comunidade dos filhos de Israel. Tu lhes dirás: Sede santos, porque eu, Iahweh vosso Deus, sou santo" (*Lv* 19,2). Mas esses comportamentos éticos

também são válidos para os outros povos, de modo que Deus pede contas às nações estrangeiras que violam a justiça e o direito. De fato, Deus já havia concluído uma aliança com a totalidade do gênero humano na pessoa de Noé, que implicava, em particular, o respeito à vida (*Gn* 9). Mais ainda, a própria criação aparece como o ato pelo qual Deus estrutura o conjunto do universo, dando-lhe uma lei. "Louvem o nome de Iahweh, pois ele mandou e foram criados; fixou-os eternamente, para sempre, deu-lhes uma lei que jamais passará" (*Sl* 148,5-6). Esta obediência das criaturas à lei de Deus é um modelo para os homens.

O Evangelho acentua, ainda mais, a dimensão moral da Lei de Deus, que não é abolida pela Nova Aliança. A mensagem evangélica apresenta Jesus Cristo como a plenitude da Revelação de Deus, sendo uma das missões do Filho de Deus elevar a Lei à perfeição, colocando o próprio Cristo como modelo e substituindo os ritos antigos pela ação de Sua Graça, como demonstram também as epístolas neotestamentárias. No Evangelho, podemos citar como elementos importantes:

- A identificação de Cristo com os que padecem necessidades e injustiças, colocando as obras de misericórdia para com eles como critério para adentrar em Seu Reino (Mt 25,31-40).
- A exortação às práticas de caridade e ao tratamento fraterno para com o próximo (Mt 25,31-40).
- A não distinção de pessoas por causa de sexo, etnia ou posição social (Mt 8,5-13; Mt 11,19; 15,21-28; 22,34-40; Mc 7,1-10; Lc 5,29-32; 10,30-37; 15,11-32).
- A exortação aos apóstolos para agirem como servidores e não dominadores (Mt 20,24-28; Mc 10,41-45; Lc 22,24-30; Jo 13,12-17).

Na crítica de Jesus ao legalismo dos fariseus, especialmente no episódio da cura no sábado (Mt 12,1-14; Mc 2,23-28; Lc 6,1-5), notamos outro ponto importante do Evangelho: as leis que Deus dá ao homem estão em função do homem, e não o contrário. Para os textos evangélicos, a observância das leis deve ser sinal de uma vida aberta a Deus e ao próximo, e não um motivo de envaidecimento ou exclusão. De tudo isso, podemos concluir que o Evangelho apresenta uma visão de abertura de Deus a todo o ser humano, no desejo do Pai de salvar a todos por meio de Seu Filho.

Os demais escritos do Novo Testamento exploram a igualdade dos homens perante Deus. Nos escritos paulinos, por exemplo, percebemos a defesa da igualdade entre judeus e gentios (em referência à grande disputa dos primórdios da Igreja sobre a necessidade da observância da Lei mosaica e a abertura da Igreja aos não judeus), bem como a ideia de que em Cristo desaparecem as diferenças de sexo, condição social, etnia e outras (Rm 10,12; Gl 3,28). A epístola de Tiago critica o trato desigual entre pobres e ricos na comunidade cristã (Tg 1,9-11; 2,1-13) e nas epístolas joaninas o amor a Deus aparece estreitamente ligado ao amor ao próximo (1Jo 4,7-21).

Naturalmente, os escritos neotestamentários não falam em *direitos*, pois não constituem escritos de natureza jurídica, porém religiosos. Entretanto, a universalidade da mensagem evangélica pode ser vista como um marco que, como explicamos no Capítulo 2, influenciou a formulação de obrigações morais e normas legais que ampliassem os direitos fundamentais do homem, especialmente na proteção aos desfavorecidos.

4.3 Fundamentos filosóficos e teológicos

Desde seu início, a Igreja dialogou com algumas correntes filosóficas do mundo greco-romano para desenvolver e explicar alguns elementos de sua doutrina aos povos pagãos. Isso ocorre porque a Igreja, crendo-se fiel depositária da doutrina revelada em Jesus Cristo aos apóstolos e transmitida por seus sucessores, não despreza o progresso do conhecimento científico e técnico humano. Geralmente, associamos isso mais às ciências naturais – que se desenvolveram com maior intensidade e rapidez, desde o século XIX, no mundo ocidental –, mas esse princípio é válido igualmente para o desenvolvimento das ciências humanas e sociais, como a filosofia, a história e o direito. Um exemplo mais claro é como a Igreja, sendo legítima intérprete da Escritura, em virtude da autoridade conferida por Cristo, dialoga com os estudos do método histórico-crítico acerca dos textos bíblicos. Embora a Igreja preocupe-se com os problemas do homem, a quem sua mensagem é direcionada, ela não entende como sua missão a construção prática de uma determinada ordem política, jurídica ou social. Nesse sentido, a Igreja reflete sobre os direitos do homem, mas deixa as questões mais práticas ao arbítrio da sociedade civil.

Os filósofos gregos e romanos refletiram e discutiram acerca do ser humano, suas aptidões, conduta e sociedade, bem como acerca da função das leis e normas na sociedade humana. Entre essas questões, um item importante foi a ideia de *lei natural*. Os filósofos da corrente do estoicismo defendiam a existência de uma lei moral, implícita na natureza, à qual os homens podiam ter acesso e conhecimento por meio da razão. Assim, os Padres da Igreja entendiam que, assim como os judeus haviam sido preparados para a vinda de Cristo por meio das escrituras reveladas do Antigo Testamento, os pagãos haviam sido preparados por meio da filosofia, que os ajudara a refletir sobre a ideia de um Deus único, criador e recompensador, além da existência de normas éticas e morais, universais e imutáveis. A diferença entre o entendimento dos estoicos e dos padres acerca da lei natural é que, enquanto os primeiros geralmente a viam como um caráter imanente em um universo panteísta, os segundos a viam como fruto da sabedoria transcendente de um Deus pessoal:

> 26. Para os Padres da Igreja, o *sequi naturam* ["seguir a natureza"] e a *sequela Christi* ["seguimento de Cristo"] não se opõem. Ao contrário, geralmente eles adotam a ideia estoica segundo a qual a natureza e a razão nos indicam quais são os nossos deveres morais. Segui-los é seguir o *Logos* pessoal, o Verbo de Deus. A doutrina da lei natural fornece, com efeito, uma base para completar a moral bíblica. Ela permite, além disso, explicar por que os pagãos, independentemente da Revelação bíblica, possuem uma concepção moral positiva. Ela lhes é indicada pela natureza e corresponde ao ensinamento da Revelação: "De Deus são a lei da natureza e a lei da Revelação, que formam um todo" [...]. Todavia, os Padres da Igreja não adotam pura e simplesmente a doutrina estoica. Eles a modificam e a desenvolvem. De uma parte, a antropologia de inspiração bíblica, que vê o homem como a *imago Dei*, cuja plena verdade é manifestada em Cristo, proíbe de reduzir a pessoa humana a um simples elemento do cosmo: chamada à comunhão com o Deus vivo, ela transcende o cosmo, mesmo que esteja integrado nele. De outra parte, a harmonia da natureza e da razão não repousa mais sobre a visão imanentista de um cosmo panteísta, mas sobre a comum referência a uma sabedoria transcendente do Criador. Comportar-se de acordo com a razão significa seguir as orientações que o Cristo, como *Logos* divino, colocou, graças aos *logoi spermatikoi* [sementes do Logos ou Verbo], na razão humana. Agir contra a razão é uma falta contra estas orientações[6]. (Comissão Teológica Internacional, 2009)

6 Neste trecho, foram omitidas apenas as remissões a notas do original.

Para o pensamento cristão, a lei moral, que dita o relacionamento do homem com Deus e com seus semelhantes, está fundada no próprio Deus, Supremo legislador e autor de toda a Criação. Logo, os princípios morais, entre os quais estão aqueles que dizem respeito aos direitos do homem à vida, à propriedade, à família e outros semelhantes, são anteriores ao poder secular e às leis elaboradas pelas sociedades.

Juntamente com a reflexão acerca de uma lei natural, observamos nos Padres da Igreja uma crítica às situações que geram a privação dos meios necessários à sobrevivência para muitas pessoas. Os Padres ainda não estavam se referindo a direitos em uma linguagem jurídica, estavam expressando mais uma obrigação moral para os cristãos. Para esses autores dos primeiros séculos da Igreja, era vergonhoso em uma sociedade cristã a existência de pessoas acumulando posses, enquanto a outras faltavam os bens necessários à sobrevivência. Entretanto, esses autores eclesiásticos não pensavam que esse tipo de mazela pudesse ser solucionado pelas leis, mas pela atuação consciente dos cristãos, que deveriam ser exemplo para os pagãos, vivendo entre si como irmãos (Doig K., 1994; Comissão Teológica Internacional, 2009).

A ideia de *lei natural* foi mais desenvolvida pelos pensadores cristãos da Idade Média, como podemos ler no mesmo documento:

> 27. Na Idade Média, a doutrina da lei natural chega a certa maturidade e assume uma forma "clássica", que constitui o substrato de todas as discussões ulteriores. Ela se caracteriza por quatro traços. Em primeiro lugar, de acordo com o pensamento escolástico, que busca recolher a verdade onde quer que se encontre, ela assume as reflexões anteriores sobre a lei natural, pagãs ou cristãs, e tenta propor uma síntese. Em segundo lugar, de acordo com a natureza sistemática do pensamento escolástico, ela situa a lei natural em um quadro metafísico e teológico geral, compreendendo-a como uma participação da criatura racional na lei divina eterna, graças a qual ela entra de modo consciente e livre nos desígnios da Providência. Ela não é um conjunto fechado e completo de normas morais, mas uma fonte de inspiração constante, presente

> e atuante nas diferentes etapas da economia da salvação. Em terceiro lugar, com a tomada de consciência da densidade própria da natureza, que em parte está ligada à redescoberta do pensamento de Aristóteles, a doutrina escolástica da lei natural considera a ordem ética e política como uma ordem racional, obra da inteligência humana. Ele a define como um espaço de autonomia, uma distinção sem separação, em relação à ordem da revelação religiosa [...]. Enfim, aos olhos dos teólogos e dos juristas escolásticos, a lei natural constitui um ponto de referência e um critério à luz da qual eles avaliam a legitimidade das leis positivas e dos costumes particulares[7]. (Comissão Teológica Internacional, 2009)

Durante a Idade Média, especialmente a partir do século XII, havia crescido bastante o número de estudos sobre o direito civil (baseado no antigo direito romano) e o direito canônico. Nesse caso, os juristas, canonistas e teólogos da escolástica buscaram distinguir melhor a lei divina, a lei natural e a lei positiva humana. Os escolásticos distinguiram melhor a lei divina, que incluíam as prescrições dadas diretamente por Deus, da lei natural, formada por aqueles princípios morais que Deus inscreveu no coração do homem e que podem ser atingidos por meio da razão. A lei natural era vista como o parâmetro para a criação das leis positivas nas sociedades humanas. Nesse caso, também se considerava que, embora houvesse normas que pudessem se alterar conforme as diferentes sociedades, inclusive as formas de governo, havia leis sobre o homem e sua conduta que eram inerentes à natureza do ser humano (Doig, K., 1994; Comissão Teológica Internacional, 2009).

Alguns pensadores do final da Idade Média concebiam a potência da vontade como superior à potência do intelecto. No campo do entendimento da lei[8], esta ficou associada mais ao arbítrio que à refle-

---

7 Neste trecho, foram omitidas apenas as remissões a notas do original.

8 No sentido de que a lei passou a ser vista como reflexo da vontade do governante, e não de uma reflexão racional prévia. Inspiramo-nos em uma passagem do direito romano que dizia "*quod placuit principi legem habet vigorem*", que significa "o que apraz ao príncipe tem força de lei" (Tomás de Aquino, 1936, p. 1506).

xão racional. Essa noção acabou por provocar ideias equivocadas sobre a Lei e a vontade divinas, imaginando-se Deus mais como um legislador arbitrário que como um legislador sábio e justo. Tal equívoco repetiu-se nas concepções políticas da Idade Moderna, que associavam a lei à vontade do governante, mais que à reta razão ou à verdade. Não é de se estranhar que, conforme demonstramos no Capítulo 2, o período moderno tenha sido caracterizado por um aumento do poder dos governantes, juntamente com a paulatina perda das autonomias locais e a reintrodução da escravidão em larga escala nas sociedades cristãs e de privilégios sociais de classe. Essa concepção acabava não só por deixar o homem à mercê da autoridade política, mas também no campo religioso acabava por reduzir o conhecimento de Deus e dos princípios morais à Revelação, conforme tratam os parágrafos 29 e 30 do documento *Em busca de uma ética universal: novo olhar sobre a lei natural* (Comissão Teológica Internacional, 2009).

A descoberta do Novo Mundo, com povos completamente alheios aos costumes europeus, acabou por favorecer a reflexão e a formulação de teorias sobre direitos precedentes à legislação humana. Na defesa das populações ameríndias face à exploração dos colonizadores europeus, os filósofos e teólogos ligados à Escola de Salamanca formularam a ideia do *ius gentium*, o "direito das gentes", isto é, direitos que fossem comuns a todos os povos, independentemente de sua adesão ou não à fé cristã (Doig K., 1994). Os pensadores de Salamanca expandiram a ideia tomista de que o domínio era de direito natural e não eclesiástico, fazendo com que os indígenas das Américas fossem vistos como verdadeiros senhores de suas terras e seus bens (Doig K., 1994).

Um acontecimento que favoreceu a formulação de concepções de *lei natural* secularizadas foi o acirramento das guerras de religião após o início da Reforma protestante. Como eram buscados instrumentos para uma paz religiosa na Europa, pensava-se em formular uma ideia de *lei natural* que independesse completamente da Revelação e suas interpretações. Outro elemento importante foi o racionalismo, que entendia todo o universo como submetido a leis acessíveis à razão humana, a qual, apesar de ainda estar originada em Deus, apresentava uma legitimidade e coerência em si mesma, conforme explanado nos parágrafos 31 a 33 do mesmo documento (Comissão Teológica Internacional, 2009).

Até os séculos XIX, e inclusive no século XX, a teologia católica manteve sua argumentação acerca da lei natural e dos direitos do homem baseada na noção escolástica de uma lei inscrita por Deus no coração humano e acessível por meio da razão, embora também estivesse explicitada na Revelação, nos mandamentos do Antigo Testamento e no ideal de perfeição contido no Evangelho.

Com o destaque dado aos direitos humanos no século XX, a teologia católica buscou dialogar com a filosofia personalista, para fugir do naturalismo materialista e do existencialismo ateu, conforme explica o documento *Dignidad y derechos de la persona humana*, em sua Seção 3.2.1, "Tendências filosóficas personalistas":

> Contra o naturalismo materialista [...], contra o existencialismo ateu, o personalismo comunitário atual proclama que o homem, por sua mesma natureza ou por seu modo mais eminente de ser, tem um fim que supera o processo físico deste mundo. Esse personalismo difere radicalmente do individualismo; exalta de tal modo a natureza social do homem, que considera ao homem primariamente como referido às outras pessoas e somente secundariamente como referido às coisas. A pessoa como tal não pode existir nem conseguir sua plenitude senão na união e na comunicação com outros homens. Entendida assim, a comunidade personalista é diferente das sociedades meramente políticas ou sociais que subestimem as realidades espirituais e a autonomia autêntica. (Comisión Teológica Internacional, 1983, tradução nossa)

Comentamos no Capítulo 1 a importância do conceito de pessoa aplicado ao ser humano. O conceito personalista é uma ponte importante de diálogo da teologia com o mundo moderno, pois essa concepção aplica a todo ser humano o qualitativo de *sujeito de direitos e deveres*, que tem uma dimensão única e original, mas também uma abertura relacional. Lembrar do caráter pessoal do ser humano também nos ajuda a evitar a ideia de que algum homem ou mulher, por alguma situação particular de fragilidade, possam ser instrumentalizados para fins supostamente elevados, como a melhoria política e social ou o avanço médico e científico. Em um texto escrito em 1988, como crítica aos experimentos e à técnica da fertilização *in vitro* utilizada para seres humanos, o então Cardeal Joseph Ratzinger alertava para o perigo de se reduzir o homem a meros processos físicos e biológicos, desconsiderando o amor e a doação que devem permear as relações e as ações do homem (Ratzinger, 2014).

A noção de que Deus é o fundamento dos direitos humanos, já que Ele criou o homem com singular dignidade e elevou essa mesma dignidade pela Encarnação e Redenção operada por meio de Jesus Cristo, é um elemento basilar da doutrina cristã, frequentemente lembrado pelo Magistério da Igreja contra as concepções que ignoram os fundamentos dos direitos do homem ou reduzem a pessoa humana a uma visão funcionalista.

4.4 Fundamentos no Magistério eclesiástico

A ideia mais clara de direitos humanos aparece no Magistério eclesiástico apenas no século XX, mas podemos notar alguns elementos já no século XIX, especialmente com a doutrina social, inaugurada pelo Papa Leão XIII (pontificado de 1878 até 1903). Foi diante do processo de secularização da sociedade ocidental, no século XIX, que a Igreja viu necessidade em frisar a lei natural, para afirmar a moral cristã diante das novas concepções morais e filosóficas que estavam surgindo (Comissão Teológica Internacional, 2009; Doig K., 1994). Na argumentação da Igreja sobre a lei natural e os direitos do homem, podemos identificar duas linhas de raciocínio:

1. **Ascendente** – Nesta linha, parte-se do homem para Deus. Ela busca observar o ser humano com base na razão e do direito natural para compreender sua dignidade e os direitos intrínsecos à natureza humana. Observando-se a igualdade natural entre todos os homens, deduz-se a existência de direitos iguais para todas as pessoas do gênero humano (Comissão Teológica Internacional, 2009).
2. **Descendente** – Nesta linha, parte-se de Deus para o homem. Essa via de pensamento é profundamente teológica, parte da doutrina da Encarnação e do Mistério Pascal de Cristo para revelar o valor e dignidade do homem, à luz do Sacrifício redentor de Cristo. Assim, o valor do ser humano se manifesta pelo sangue de Cristo derramado na cruz (Comissão Teológica Internacional, 2009).

Essas linhas de raciocínio são complementares, pois ambas acabam por radicar seu fundamento em Deus: seja pela natureza da Criação, seja pelo mistério da Redenção, ambas são obras da Santíssima Trindade. (Comisión Teológica Internacional, 1983; Comissão Teológica Internacional, 2009; Doig K., 1994).

Versaremos, agora, sobre alguns fundamentos importantes dos direitos humanos nos ensinamentos dos papas e em outros componentes do Magistério da Igreja. Com relação ao direito à vida e à liberdade, podemos encontrar já nos textos que criticavam a exploração dos indígenas, como a bula *Sublimis Deus* (1537), do Papa Paulo III (pontificado de 1534 até 1549), ou no breve *In Supremo Apostolatus* (1839), de Gregório XVI (pontificado de 1831 até 1846), uma noção implícita de um direito intrínseco ao ser humano, já que esses documentos pontifícios partiam do princípio que as pessoas exploradas e escravizadas eram seres humanos, iguais a seus opressores em dignidade, demonstrando o objetivo de argumentar contra a prática da escravidão. Entretanto, tanto Gregório XVI quanto Pio IX (pontificado de 1846 até 1878) condenaram as ideias de liberdade e igualdade do século XIX, devido à estreita vinculação que essas noções tinham com o liberalismo, que relativizava a importância da religião e da moral (Doig K., 1994).

Em Leão XIII (pontificado de 1878 até 1903), a argumentação em favor dos direitos do homem encontrava-se na defesa da lei natural. Na carta encíclica *Libertas Praestantissimum*, de 1888, o papa falava da lei natural como oriunda de Deus, anterior ao Estado e às instituições, salvaguarda dos direitos do homem, da família e do cidadão:

> 10. Quando não existe o direito de mandar, ou se manda alguma coisa contrária à razão, à lei eterna, à autoridade de Deus, é justo então desobedecer aos homens para obedecer a Deus. Fechadas assim as portas para a tirania, ela não absorverá todo o Estado. Ficarão a salvo os direitos de cada cidadão, os direitos da família, os direitos de todos os membros do Estado, e todos terão a mais ampla participação na liberdade verdadeira, que consiste, como já tivemos oportunidade de demonstrar, em cada um poder viver conforme as leis e segundo a razão concreta. (Papa Leão XIII, 1888, citado por Doig K., 1994, p. 119)

Para o magistério de Leão XIII, os direitos do homem e os direitos de Deus são indissociáveis. Nesse sentido, quando os direitos do ser humano aparecem desvinculados dos direitos de Deus, tornam-se negativos. É nesse sentido que, na encíclica *Tametsi futura prospicientibus*, de 1900, lemos, no parágrafo 13, uma afirmação do papa em tom de queixa: "o mundo já ouviu falar demais dos assim chamados 'direitos do homem'. Que ouça algo sobre os direitos de Deus" (Leão XIII, 1900, tradução nossa). O grande legado de Leão XIII, contudo, foi sua reflexão sobre a questão social, encontrada na encíclica *Rerum Novarum*, de 1891, como já mencionamos no Capítulo 2. Na *Rerum Novarum*, Leão XIII defendeu, como direitos intrínsecos dos trabalhadores, as condições de trabalho adequadas, o salário justo, a propriedade, a liberdade de associação e a possibilidade de cumprir os deveres religiosos.

Durante o pontificado do Papa Pio X (pontífice entre 1903 e 1914) não ocorreram pronunciamentos específicos sobre os direitos humanos, mas podemos encontrar algumas referências a certos direitos fundamentais, como nas críticas que o papa fez ao laicismo da III República Francesa, que dava liberdade a todos os credos e a todas as correntes filosóficas, mas restringia a propagação da doutrina cristã e do catecismo no âmbito público, ou nas críticas que fez aos maus tratos contra os indígenas sul-americanos na encíclica *Lacrimabili Statu*, em 1912 (Doig K., 1994).

O Papa Bento XV (pontífice entre 1914 e 1922), que pastoreou a Igreja durante a Primeira Guerra Mundial e o início da paz, resultante do Tratado de Versalhes, de 1919, buscou identificar em seu magistério as causas dos crescentes conflitos e das guerras nas sociedades humanas: o desprezo pela autoridade, a luta de classes, a ânsia desenfreada pelos bens terrenos. Na ótica de Bento XV, esses problemas conduziriam à destruição da sociedade humana (Doig K., 1994). Nesse sentido, foi significativa a crítica feita pelo pontífice romano ao crescimento do ódio entre as classes e os povos, o que, de fato, se verificou durante as décadas de 1920 e 1930, conduzindo à ascensão de regimes totalitários e a uma nova guerra mundial.

O Papa Pio XI (pontífice entre 1922 e 1939) publicou encíclicas condenando as doutrinas e as práticas dos regimes totalitários (comunismo, fascismo e nazismo), em que defendeu os direitos do homem como fundados em Deus e anteriores ao Estado e às leis humanas.

Na encíclica *Mit brennender Sorge*, de 1937, que tratava da relação da Igreja com o *Reich* (Estado) alemão, o pontífice afirmava:

> 35. O homem, como pessoa, tem direitos recebidos de Deus, que devem ser defendidos contra qualquer atentado da comunidade que pretendesse negá-los, aboli-los ou impedir o seu exercício. Desprezando-se esta verdade perde-se de vista o fato de que, em última instância, o verdadeiro bem comum determina-se e se conhece mediante a natureza do homem, com seu harmônico equilíbrio entre direito pessoal e vínculo social, como também pelo fim da sociedade, determinado pela própria natureza humana. O Criador deseja a sociedade como meio para o pleno desenvolvimento das faculdades individuais e sociais, meio do qual tem de valer-se o homem, ora dando, ora recebendo, para o bem próprio e o de todos. Até aqueles valores mais universais e mais elevados, que só podem ser realizados pela sociedade e não pelo indivíduo, por vontade do Criador têm o homem como fim último, assim como seu aperfeiçoamento natural e sobrenatural. O que se afasta dessa ordem faz mover os pilares sobre os quais se assenta a sociedade e põe em perigo sua tranquilidade, sua segurança e até sua própria existência. (Pio XI, 1937b, citado por Doig K., 1994, p. 131-132)

Pio XI também reafirmou os direitos do homem na encíclica *Divinis Redemptoris*, de 1937, escrita como condenação à ideologia comunista. Nesse documento, o papa condenou a valorização exagerada da coletividade pregada pelo comunismo, que acabava por reduzir o indivíduo humano a mera engrenagem (instrumento, não pessoa) do corpo social. Essa concepção acabaria por levar a uma negação do caráter sagrado da vida humana, da família e do matrimônio (Pio XI, 1937a). Na mesma encíclica, o papa sintetizou a visão católica sobre o homem e seus direitos:

> 27. [...] O homem tem uma alma espiritual e imortal; e, assim como é uma pessoa, dotada pelo supremo Criador de admiráveis dons de corpo e de espírito assim se pode chamar, como diziam os antigos, um verdadeiro "**microcosmo**", isto é, um pequeno mundo, por isso

> que de muito longe transcende e supera a imensidade dos seres do mundo inanimado. Não somente nesta vida mortal, mas também na que há de permanecer eternamente, o seu fim supremo é unicamente Deus; e, tendo sido elevado pela graça santificante à dignidade de filho de Deus, é incorporado no Reino de Deus, no corpo místico de Jesus Cristo. Consequentemente, dotou-o Deus de múltiplas e variadas prerrogativas, tais como: direito à vida, à integridade do corpo, aos meios necessários à existência; direito de tender ao seu último fim, pelo caminho traçado por Deus; direito enfim de associação, de propriedade particular, e de usar dessa propriedade.
>
> 28. Além disso, assim como o matrimônio e o direito ao seu uso natural são de origem divina, assim também a constituição e as prerrogativas fundamentais da família derivam, não do arbítrio humano, nem de fatores econômicos, senão do próprio Criador supremo de todas as coisas. (Pio XI, 1937a, grifo do original)

O magistério de Pio XI visou principalmente à afirmação dos direitos humanos advindos de Deus diante de abusos e violações cometidas pelos governos comunistas, fascistas e nazistas. Podemos ver que a crítica desse pontífice romano às ideologias totalitárias resumia-se, de acordo com Doig K. (1994), em cinco pontos:

1. Os direitos do homem à vida, à integridade física, aos meios de subsistência, à associação, à propriedade, ao matrimônio e à formação da família foram inseridos pelo Criador na natureza do homem.
2. Nenhum poder terreno, seja o Estado, seja a coletividade ou outro, pode tirar do ser humano os direitos que ele recebeu de Deus.
3. O Estado está ordenado para o homem, e não o contrário.
4. A negação da origem e finalidade transcendentes do homem e do Estado provoca os abusos de ambos.
5. Os direitos do homem são ameaçados sempre que se coloque o Estado, a sociedade, a nação, a raça ou a coletividade como finalidades últimas do homem.

Pontífice que pastoreou a Igreja durante a Segunda Guerra Mundial e os primeiros anos da Guerra Fria (entre 1939 e 1958), Pio XII preocupou-se bastante, em seu magistério de cunho social, com a defesa e a explicitação dos direitos da pessoa humana, aliados à busca por uma ordem jurídica internacional que pudesse verdadeiramente tutelar esses direitos. Na encíclica *Summi Pontificatus*, de 1939, o papa expôs o perigo de considerar os direitos fundamentais do homem como meras conquistas históricas, ou como dependentes de autoridade ou critérios puramente humanos, o que os tornaria frágeis e vulneráveis às instabilidades e aos caprichos dos homens, nos parágrafos 39, 41 e 57 de sua encíclica (Pio XII, 1939, citado por Doig K., 1994). Em sua mensagem de Natal, no ano de 1942, o papa também expôs os direitos da pessoa humana que deveriam basear o ordenamento jurídico internacional:

> 34. [...] o direito a manter e desenvolver a vida corporal, intelectual e moral e particularmente o direito a uma formação e educação religiosa; o direito ao culto de Deus, particular e público, incluindo a ação da caridade religiosa; o direito, máxime, ao matrimônio e à consecução do seu fim; o direito à sociedade conjugal e doméstica; o direito ao trabalho como meio indispensável para manter a vida familiar; o direito à livre escolha de estado, também sacerdotal e religioso; o direito ao uso dos bens materiais, consciente dos seus deveres e das limitações sociais. (Pio XII, 1942)

Como podemos observar, Pio XII repete, de forma mais sistematizada, alguns direitos já antes elencados por Pio XI, em suas condenações aos totalitarismos: direitos ligados à relação do homem com Deus e com o próximo, à ordem familiar e aos meios de sobrevivência e modo de vida. Pio XII também expressava, frequentemente, sua preocupação com uma ordem jurídica e moral que não estivesse embasada em Deus. Provavelmente, esse foi o motivo para o referido pontífice não se pronunciar diretamente acerca da famosa Declaração

Universal dos Direitos Humanos, de 10 de dezembro de 1948, redigida pela Assembleia Geral da ONU (1948). Em suas considerações sobre a União Europeia, proferidas no ano de 1948, o papa questiona a solidez e a eficácia prática de direitos do homem que não estivessem fundamentados em Deus (Doig K., 1994).

Entretanto, o magistério do papa João XXIII (pontífice entre 1958 e 1963) também se preocupou com o tema dos direitos humanos, fazendo uma sistematização dos direitos do homem na célebre encíclica *Pacem in Terris*, publicada em 1963. O interessante dessa encíclica é que ela vincula, de forma bastante sólida, os direitos do homem a seus deveres, pregando em favor de uma cultura humana de solidariedade e responsabilidade mútuas. A seguir, resumimos os direitos elencados pelo pontífice em sua encíclica (João XXIII, 1963):

- **Direito à vida e sua conservação** – Direito defendido no parágrafo 11 da encíclica, afirma que toda pessoa humana tem direito à vida, à integridade física e aos meios materiais de conservação da própria vida, bem como à assistência em caso de necessidades por alguma debilidade física, psicológica ou outra.
- **Direito à moral e à cultura** – Explicitado nos parágrafos 12 e 13, defende toda pessoa humana tem o direito à boa fama, a buscar a verdade, a poder expressar seus pensamentos, a desenvolver-se culturalmente.
- **Direito de honrar a Deus** – Explanado no parágrafo 14, afirma que todo ser humano tem o direito de buscar a Deus com sua consciência livre, a fim de honrá-Lo.
- **Direito à livre escolha do estado de vida** – Afirmado nos parágrafos 15 a 17, que defendem que toda pessoa tem o direito a escolher livremente seu estado de vida (matrimônio, vida religiosa, sacerdócio etc.). Nesse direito inclui-se também o primado da família na escolha da educação dos filhos.

- **Direitos econômicos** – Defendidos nos parágrafos 18 a 22, que propõem a liberdade de iniciativa, o direito ao trabalho, o direito à propriedade privada e o direito a um salário justo, principalmente.
- **Direito de reunião e associação** – Explicados nos parágrafos 23 e 24, provêm da natureza social do homem, pois dela deriva o direito de poder reunir-se e associar-se a seus semelhantes para alcançar seus interesses legítimos ou para defender seus direitos.
- **Direito de migração** – Surge no parágrafo 25 da encíclica e é baseado na fraternidade entre todos os homens, da qual deriva o direito de toda pessoa humana de se locomover e mudar de residência de um local para outro, mesmo que para nações diferentes.
- **Direitos políticos** – Afirmados nos parágrafos 26 e 27, defendem a participação ativa das pessoas na vida pública.

Após elencar os direitos da pessoa humana, o Papa João XXIII explica a vinculação existente entre direitos e deveres:

> 28. Aos direitos naturais acima considerados vinculam-se, no mesmo sujeito jurídico que é a pessoa humana, os respectivos deveres. Direitos e deveres encontram na lei natural que os outorga ou impõe, o seu manancial, a sua consistência, a sua força inquebrantável.
>
> 29. Assim, por exemplo, o direito à existência liga-se ao dever de conservar-se em vida, o direito a um condigno teor de vida, à obrigação de viver dignamente, o direito de investigar livremente a verdade, ao dever de buscar um conhecimento da verdade cada vez mais vasto e profundo. (João XXIII, 1963)

Os direitos do homem, de acordo com o ensino de João XXIII, só podem ser realizados, na prática, se o ser humano estiver consciente igualmente de seus deveres. Podemos resumir esses deveres da seguinte forma:

- **Dever de respeitar os direitos alheios** – Explicado no parágrafo 30, defende que o primeiro passo para a garantia dos direitos humanos é que os homens reconheçam seu dever de respeitar os direitos do próximo, garantindo uma convivência harmoniosa entre todos.
- **Dever de colaboração mútua** – Afirmado nos parágrafos 31 a 33, diz que os homens devem cumprir suas funções na sociedade, colaborando com o bem de seu semelhante, para que todos possam ter acesso pleno a seus direitos.
- **Dever de responsabilidade** – Reconhecido no parágrafo 34, que defende que o homem deve agir com liberdade e consciência, assumindo as consequências de seus atos pessoais e buscando sempre o próprio aperfeiçoamento, sem perder de vista os demais homens.[9]

João XXIII reafirma o ensinamento de seus predecessores ao colocar o fundamento dos direitos e deveres humanos em Deus e na lei natural em seguida, nos parágrafos 37 e 38 (João XXIII, 1963). Coube a esse pontífice convocar e inaugurar o Concílio Vaticano II, em 1962, visando ao diálogo da Igreja com o mundo moderno. O concílio continuou, sob o pontificado de seu sucessor, o Papa Paulo VI (pontificado de 1963 a 1978). Um dos documentos do Concílio Vaticano II (1965a), a constituição pastoral *Gaudium et Spes*, tratava da relação da Igreja com o mundo moderno. Na *Gaudium et Spes*, os padres conciliares reafirmaram a fundamentação teológica da dignidade da pessoa humana, com base na criação do homem à imagem e semelhança de Deus e na Redenção de alcance universal, operada por Jesus Cristo. O documento ainda diferenciou a igualdade natural entre todos os homens das desigualdades acidentais legítimas e das desigualdades injustas:

9 Na encíclica *Caritas in Veritate*, de 2009, o Papa Bento XVI apontou o perigo de se criar uma cultura egoísta de direitos, que esteja isenta de uma contrapartida de responsabilidade para com os direitos dos outros. Os deveres lembram os direitos de sua verdadeira dimensão ética e colocam um limite aos arbítrios e desejos desenfreados do homem (Bento XVI, 2009, n. 43).

> 29. A igualdade fundamental entre todos os homens deve ser cada vez mais reconhecida, uma vez que, dotados de alma racional e criados à imagem de Deus, todos têm a mesma natureza e origem; e, remidos por Cristo, todos têm a mesma vocação e destino divinos.
>
> Sem dúvida, os homens não são todos iguais quanto à capacidade física e forças intelectuais e morais, variadas e diferentes em cada um. Mas deve superar-se e eliminar-se, como contrária à vontade de Deus, qualquer forma social ou cultural de discriminação, quanto aos direitos fundamentais da pessoa, por razão do sexo, raça, cor, condição social, língua ou religião. É realmente de lamentar que esses direitos fundamentais da pessoa ainda não sejam respeitados em toda a parte. Por exemplo, quando se nega à mulher o poder de escolher livremente o esposo ou o estado de vida ou de conseguir uma educação e cultura iguais às do homem.
>
> Além disso, embora entre os homens haja justas diferenças, a igual dignidade pessoal postula, no entanto, que se chegue a condições de vida mais humanas e justas. Com efeito, as excessivas desigualdades econômicas e sociais entre os membros e povos da única família humana provocam o escândalo e são obstáculo à justiça social, à equidade, à dignidade da pessoa humana e, finalmente, à paz social e internacional. (Concílio Vaticano II, 1965a)

A distinção feita pelo documento conciliar é importante, pois mostra que nem toda desigualdade é contrária à dignidade humana; apenas são injustas aquelas desigualdades que neguem a uma pessoa seus direitos fundamentais e inalienáveis na condição de ser humano.

A década de 1960 teve dois desenvolvimentos tecnológicos impactantes: a continuação da produção de armas nucleares iniciada no fim da Segunda Guerra Mundial e os programas de exploração espacial dirigidos pelos Estados Unidos e URSS – União Soviética. Esse crescimento dava ao ser humano uma sensação de poder muito grande e trazia a tentação de se colocar o progresso técnico-científico como um valor absoluto ou como um valor em si mesmo. Nesse sentido, foi importante a encíclica sobre doutrina social, intitulada *Populorum Progressio*, publicada pelo Papa Paulo VI, em 26 de março de 1967. Nessa encíclica, além de aprofundar vários temas sociais, políticos, econômicos e morais relevantes para a época (muitos do quais não perderam sua atualidade), o papa também sustenta a tese de que o progresso técnico e científico deve estar a serviço do homem, não podendo ser colocado acima da dignidade e bem-estar do indivíduo, no parágrafo 34 (Paulo VI, 1967). No mesmo documento, Paulo VI reafirma a necessidade de fundamentar o humanismo em Deus, lembrando a vocação e a finalidade transcendente da pessoa humana, orientada para Deus, no parágrafo 42 (Paulo VI, 1967). Após o pontificado de Paulo VI, houve um curto período, de 33 dias, em que pontificou João Paulo I (pontífice entre 26 de agosto e 28 de setembro de 1978).

A revolução sexual que estava ocorrendo durante as décadas de 1960 e 1970, bem como o crescimento da ideologia laicista no alvorecer do terceiro milênio, produziram concepções distorcidas dos direitos humanos, que negavam o papel da religião na sociedade e relativizavam os valores morais. Por causa dessas tendências, o pontificado de João Paulo II (pontificado de 1978 a 2005) foi marcado por diversos pronunciamentos e atuações em defesa dos direitos da pessoa humana, especialmente o direito à vida e os direitos da família, que frequentemente eram relativizados dentro de países nos quais a ideia de direitos humanos já estava fortemente consolidada na mentalidade coletiva. Diante do perigo de se instrumentalizar os direitos humanos contra a própria pessoa humana, João Paulo II também buscou reafirmar a indissociabilidade entre Deus, o caráter transcendente do homem e os respectivos direitos da pessoa humana, por exemplo, em homilia em sua viagem apostólica ao Brasil, na cidade de Belo Horizonte:

> 4. [...] Tudo isso, essa tremenda e valiosa experiência, me ensinou que a justiça social só é verdadeira se baseada nos direitos do indivíduo. E que esses direitos só serão realmente reconhecidos se for reconhecida a dimensão transcendente do homem, criado à imagem e semelhança de Deus, chamado a ser Seu filho e irmão dos outros homens, e destinado a uma vida eterna. Negar esta transcendência é reduzir o homem a instrumento de domínio, cuja sorte está sujeita ao egoísmo e ambição de outros homens, ou à onipotência do Estado totalitário, erigido em valor supremo. (João Paulo II, 1980)

Também o Papa Bento XVI (pontífice entre 2005 e 2013, hoje papa emérito) pronunciou-se inúmeras vezes sobre as questões em que via mais ameaçados os direitos humanos. Durante as décadas de 2000 e 2010, frequentemente foi utilizada a laicidade do Estado como pretexto para impedir a manifestação de convicções religiosas nos debates sobre direitos humanos, especialmente no tangente aos direitos da vida humana e da família. Diante disso, o papa alemão afirmou, em sua encíclica sobre a doutrina social, chamada *Caritas in Veritate*, de 29 de junho de 2009, que:

> 56. [...] A exclusão da religião do âmbito público e, na vertente oposta, o fundamentalismo religioso impedem o encontro entre as pessoas e a sua colaboração para o progresso da humanidade. A vida pública torna-se pobre de motivações, e a política assume um rosto oprimente e agressivo. Os direitos humanos correm o risco de não ser respeitados, porque ficam privados do seu fundamento transcendente ou porque não é reconhecida a liberdade pessoal. No laicismo e no fundamentalismo, perde-se a possibilidade de um diálogo fecundo e de uma profícua colaboração entre a razão e a fé religiosa. (Bento XVI, 2009)

Como podemos ver, há uma clara unanimidade entre os papas e os concílios da Igreja quando o assunto é *direitos humanos*: são direitos intrínsecos à natureza humana e estão fundados em Deus, que criou o ser humano em singular dignidade e o chamou à comunhão com Ele por meio da obra salvífica de Jesus Cristo.

Síntese

Neste capítulo, revisamos as fundamentações teológicas para o posicionamento da Igreja acerca dos direitos humanos. Passamos pelas fontes da teologia cristã, que entende o homem como uma pessoa composta de corpo e alma, sendo que essas partes formam uma unidade. Segundo a doutrina da Igreja, o ser humano é criado à imagem e semelhança de Deus, em totalidade, e é chamado a viver essa plenitude na comunhão com Cristo, modelo perfeito de humanidade.

Também destacamos que o fundamento dos direitos humanos se encontra na natureza do homem, criado por Deus com singular dignidade, e também na Redenção, operada por meio de Cristo feito Homem, elevando a dignidade do ser humano pela união das naturezas divina e humana na Pessoa de Cristo.

Devemos ainda atentar ao fato de que, para o pensamento da Igreja, retirar dos direitos humanos sua fundamentação em Deus e na lei natural equivale, na prática, a transformar esses direitos em fruto do arbítrio e capricho humano, o que os torna frágeis em fundamentos e vulneráveis à alternância das ideologias humanas.

Atividades de autoavaliação

1. Sobre o conceito cristão de pessoa humana, assinale a afirmativa correta:
   a) O ser humano é imagem e semelhança de Deus, unicamente por causa de sua inteligência e vontade livres.
   b) O ser humano, como um todo, é imagem e semelhança de Deus.

c) O ser humano é chamado a imitar Cristo, imagem mais aproximada de Deus.
d) A alma humana é imagem de Deus, mas o corpo não.

2. Sobre os fundamentos teológicos dos direitos humanos, assinale as afirmativas com V para as verdadeiras e F para as falsas:
( ) Os direitos humanos baseiam-se apenas na finalidade terrena da vida humana.
( ) Os direitos humanos fundam-se unicamente na natureza humana enquanto ser racional e autossuficiente.
( ) A Redenção operada por Cristo lembra o valor da dignidade humana.
( ) Os direitos humanos não podem ser retirados pelo Estado, pois vêm de Deus e não da vontade humana.

Agora, assinale a alternativa com a sequência correta:
a) F, F, V, V.
b) V, V, F, V.
c) F, F, F, F.
d) V, V, V, V.

3. Sobre as reticências da Igreja em manifestar apoio a algumas declarações de direitos humanos em certos momentos históricos, podemos apontar, como possível motivação:
a) a preocupação com a perda de seu poder na sociedade.
b) a visão cristã sobre a desigualdade natural entre os homens.
c) a falta de propostas práticas para a garantia dos direitos humanos.
d) a exclusão de Deus e da lei natural como fundamentos dos direitos do homem.

4. O rigor da Lei mosaica pode, a princípio, parecer contrário à dignidade humana. Entretanto, em seu contexto histórico, esse rigor pode ser visto como um marco em favor da dignidade do homem, porque:
   a) considerava o assassinato como único crime grave.
   b) promovia a liberdade religiosa.
   c) admitia a morte de um ser humano somente como punição para um crime.
   d) abolia a poligamia.

5. A sistematização, pelo Papa João XXIII, dos direitos do homem, feita na encíclica *Pacem in Terris*, de 11 de abril de 1963, assemelha-se bastante ao que é enunciado na Declaração Universal dos Direitos Humanos da ONU (1948). Uma diferença, contudo, reside no fato de que o papa:
   a) propõe os direitos como intrinsecamente vinculados a certos deveres.
   b) desconsidera os direitos de liberdade religiosa.
   c) desconsidera o direito à participação política.
   d) trata somente de questões sociais e econômicas.

Atividades de aprendizagem

Questões para reflexão

1. O mundo, hoje, vive um paradigma: a defesa de um valor universal, como os direitos humanos, e a falta de referências universais, em um mundo plural. Como podemos resolver esse paradigma?

2. De que forma a visão cristã dos direitos humanos se diferencia da visão jurídica, que apresentamos no Capítulo 1? Justifique.

Atividades aplicadas: prática

1. Pergunte a pessoas próximas o que elas acham que fundamenta os direitos humanos e faça um esquema, identificando os argumentos mais recorrentes.

2. Faça um exame de consciência, perguntando a si mesmo: Estou separando, na minha vida, a minha relação com Deus do meu relacionamento com as pessoas que me rodeiam? Vejo em cada pessoa que cruza o meu caminho alguém chamado a ser imagem de Deus?

5
Questões atuais dos direitos humanos[1]

1 Todas as passagens bíblicas indicadas neste capítulo são citações de Bíblia (2011).

Como já enunciamos nos capítulos anteriores, o amadurecimento da consciência humana em diversos povos, a partir do século XX, e o despertar sobre a existência de direitos fundamentais inerentes à pessoa humana não significaram uma consolidação efetiva do respeito a esses direitos no âmbito prático, nos países que compõem a comunidade das nações. Se é óbvio que os direitos humanos são flagrantemente desrespeitados em muitos países em que ainda não há uma cultura de liberdade e igualdade tão fortes – onde ainda predominam traços de autoritarismo político, fundamentalismo religioso ou outra mentalidade –, podemos constatar, olhando mais atentamente, que existem atualmente ameaças aos direitos da pessoa humana também em países em que a noção de direitos humanos já está plenamente enraizada na cultura e na mentalidade da população. Esse problema deve-se à instrumentalização discursiva do conceito de direitos humanos, usada para promover projetos de poder políticos ou ideológicos, especialmente nos países ocidentais.

Em âmbito global, podemos dizer que os direitos humanos se encontram ameaçados, com maior intensidade nos dias de hoje, nos seguintes temas, que veremos neste capítulo: liberdade religiosa; família, educação e sexualidade; migrações; vida humana; e relações do homem com o meio ambiente. Essas ameaças devem-se a ideologias que distorcem o valor da liberdade e da sexualidade humanas, que supervalorizam o papel assistencial do Estado, que exageram o valor dos bens materiais ou que compreendem erroneamente a dinâmica das diversas culturas humanas. A seguir, abordamos um pouco mais detidamente as questões atuais sobre esses cinco temas, bem como o posicionamento da Igreja diante deles.

5.1 Liberdade religiosa

Na sociedade ocidental contemporânea, o direito de escolher livremente uma convicção religiosa e a forma de culto praticamente não são questionados. Entretanto, é comum observarmos ou ouvirmos discursos que releguem a convicção e a prática religiosa ao âmbito meramente privado. Esse discurso, na prática, viola a liberdade religiosa.

Primeiramente, precisamos fazer um breve histórico sobre o entendimento do que vem a ser liberdade religiosa. Enquanto, para o ordenamento do Antigo Testamento, a religião se identificava com a ordem política, social e jurídica de um povo específico, os hebreus, no Novo Testamento, a religião aparece ligada a uma comunidade que é distinta dos reinos e impérios terrenos: a Igreja. Na história da Igreja, a relação com os não cristãos passou por algumas modificações em suas questões práticas, que podemos identificar com dois grandes momentos: o momento da **tolerância religiosa**, que vai até o século XX, e o momento da **liberdade religiosa**, iniciado pelos papas do século XX.

No Antigo Testamento, a aliança entre Deus e os homens se dá por meio do povo eleito, sendo que a comunidade desse povo é regida por líderes religiosos e políticos, ambos entendidos como representantes diretos de Deus. Na Antiga Aliança, a adesão ao culto e à obediência a Yahweh se dava não de forma individual ou pessoal, mas de forma conjunta: era um pacto entre Deus e o povo hebreu. De forma semelhante, nos povos pagãos do Oriente Próximo e nas civilizações grega e romana, a religião estava ligada também aos assuntos de governo: entendia-se que os monarcas ou as autoridades das cidades deveriam auxiliar e promover materialmente o culto às divindades de seu povo, bem como garantir a obediência aos preceitos religiosos. Nesse sentido, a Lei mosaica, por exemplo, continha não somente prescrições sobre a relação com Deus e um código moral, mas também regras sobre como a autoridade secular deveria punir os delitos, os quais hoje separaríamos em delitos de ordem religiosa e de ordem moral, que antigamente, contudo, não eram separados.

Se, no ordenamento veterotestamentário, a dissidência religiosa era punida, sendo todos os hebreus obrigados a aderir à Lei mosaica e ao culto de Yahweh, no Novo Testamento essa norma sofre uma sensível alteração. A pregação de Jesus de Nazaré, sobre um Reino de Deus de culminação escatológica que não se identifica com os impérios e os reinos terrenos, transfere o eixo do povo de Deus, de uma pertença étnica, de certa maneira "nacional", para um vínculo sobrenatural com a comunidade dos seguidores de Jesus. A adesão à Igreja se faz mediante uma convicção embasada pela fé, não mais pelo nascimento ou pelo vínculo jurídico com determinado povo.

Os Padres da Igreja, durante a era de perseguição ao cristianismo dentro do Império Romano, buscavam argumentar que o fato de não reconhecerem atributos divinos ao imperador e não prestarem culto aos deuses pagãos não fazia dos cristãos pessoas desobedientes às autoridades imperiais, haja vista que reconheciam o imperador como estabelecido pela Providência Divina para ordenar a sociedade e castigar os maus. Com a aproximação do imperador romano Constantino I (272 d.C.-337 d.C.) ao cristianismo, no ano de 312[2] d.C., houve uma modificação na relação entre o poder imperial e a Igreja. Além de receber liberdade de culto, a Igreja recebeu auxílio e patrocínio material do imperador, como haviam recebido antes os templos e os sacerdotes pagãos, nos tempos dos imperadores pagãos. Os imperadores romanos cristãos passaram a identificar a unidade da Igreja com a unidade do Império Romano, restringindo os cultos pagãos e exilando os heréticos (Veyne, 2011; Gonzaga, 1993).

No período medieval, podemos observar que tanto nos povos de maioria muçulmana ou cristã ortodoxa do Oriente quanto nos povos cristãos católicos do Ocidente acreditava-se que o governante tinha o dever de zelar pela verdadeira religião, protegendo os súditos daquelas que se consideravam falsas doutrinas. Nesse contexto, podemos falar do início da fase de **tolerância religiosa**. No modelo de tolerância religiosa, a prática das religiões distintas da crença oficial de determinado povo, cidade, reino ou império são permitidas, mas com limitações em relação à religião oficial. Para exemplificar: em um reino cristão católico, judeus e muçulmanos poderiam realizar seus cultos em local apropriado, mas apenas privadamente, sem manifestações públicas, e igualmente restringia-se, aos grupos da religião minoritária, a prática de proselitismo. Diferentemente eram tratados os dissidentes da religião oficial (os hereges, no caso do cristianismo), cujas doutrinas eram combatidas com o apoio do poder secular, com punições de confisco de bens, perda de cargos ou, até mesmo, a morte (Gonzaga, 1993).

---

2 Há controvérsias entre os historiadores sobre o grau de aproximação entre Constantino I e o cristianismo, pois o imperador recebeu o batismo apenas no leito de morte, no ano 337 d.C. Entretanto, o historiador Paul Veyne, em uma recente pesquisa, demonstrou que o discurso do imperador estava permeado de influências cristãs. Para quem quiser se aprofundar no tema da cristianização do Império Romano a partir do governo de Constantino I, recomendamos o livro de Veyne (2011).

Nesse primeiro momento que analisamos, as autoridades da Igreja Católica consideravam necessária a cooperação entre o poder eclesiástico e os poderes seculares na repressão à heresia, vista como ameaça à fé dos súditos, a qual deveria ser protegida pelo monarca.

No segundo momento desse modelo de tolerância religiosa, as dissidências dentro do credo oficial passaram a ser toleradas, por influência dos pensadores iluministas. Entretanto, essa tolerância tinha também o intento de enfraquecer o poder da Igreja Católica ou de qualquer outra religião oficial. Exemplo disso podemos encontrar na Áustria, sob o governo do Imperador José II do Sacro Império Romano-Germânico, da casa de Habsburgo (reinado de 1765 a 1790). Sua política de tolerância religiosa às minorias foi acompanhada de grande interferência nos assuntos da Igreja Católica, como a supressão das ordens contemplativas e a transferência da direção dos seminários da autoridade eclesiástica para o governo. De igual forma, o Marquês de Pombal (1699-1782), ministro do Rei José I, de Portugal (reinado de 1750 a 1777), combinara uma política de tolerância religiosa com a expulsão dos jesuítas dos territórios da Coroa Portuguesa (Lenzenweger et al., 2006).

O ideal de tolerância religiosa dos iluministas era visto com maus olhos pela Igreja, porque estava embasado em uma concepção deísta que associava todas as crenças e práticas religiosas, institucionais ou populares, à superstição e à ignorância. Dessa forma, a Igreja não podia apoiar uma noção de tolerância religiosa que estivesse embasada no indiferentismo religioso, já que a instituição católica sempre professou ser a continuidade da comunidade fundada por Cristo, assistida pelo Espírito Santo. Igualmente, por seu lado, o liberalismo pregava a ideia de liberdade de consciência e religião em sentido quase absoluto, o que não podia ser aceito pela Igreja, pois equivalia a negar a existência de valores universais e o dever de o homem buscar a verdade e a união com Deus. Essas concepções indiferentistas de tolerância e liberdade religiosa foram condenadas pelos Papas Pio VI, no breve apostólico *Quod aliquantum*, de 1791, e Gregório XVI, na encíclica *Mirari vos*, de 1832 (Doig K., 1994; Lenzenweger et al., 2006; Bettencourt, 2005).

O terceiro momento que observamos na história da Igreja é o da defesa da ideia de *liberdade religiosa*. A ideia de *liberdade religiosa* é mais abrangente que a de tolerância, a qual evoca apenas a ideia de uma permissão tácita. A liberdade religiosa exprime a noção de que o homem tem o direito de buscar, de acordo com sua consciência, a verdadeira religião. A concepção dessa liberdade, para a Igreja Católica, contudo, é distinta daquelas pregadas pelo Iluminismo e pelo liberalismo (Doig K., 1994; Lenzenweger et al., 2006; Bettencourt, 2005).

Em sua encíclica *Libertas praestantissimum*, de 20 de junho de 1888, o Papa Leão XIII exprimiu o entendimento da Igreja acerca da liberdade de consciência em matéria religiosa:

> Pode-se entender a liberdade de consciência no sentido de que o homem possui, na sociedade, o direito de seguir, segundo a consciência do seu dever, a vontade de Deus e cumprir os seus preceitos sem que algo o possa impedir.
>
> Esta liberdade, a verdadeira liberdade, a liberdade digna dos filhos de Deus, que protege tão gloriosamente a dignidade da pessoa humana, está acima de toda violência e de toda opressão; ela sempre foi objeto dos anseios e da especial estima da Igreja. (Papa Leão XIII, 1888, citado por Bettencourt, 2005)

Leão XIII já reafirmava a convicção da Igreja de que o homem não poderia ser coagido a adotar a verdadeira religião pela força, mas convencido por argumentos. Os papas Pio XI e Pio XII buscaram esclarecer a distinção entre um primeiro conceito de liberdade de consciência e de religião que conduzia a um indiferentismo ou atitude hostil à religião, e outro conceito, que atribuía ao homem a possibilidade de procurar a verdade e também buscar a Deus com liberdade em sua consciência, sem ser coagido ou forçado externamente a isso (Bettencourt, 2005).

A concepção católica de *liberdade religiosa*, contudo, foi desenvolvida de forma mais clara na declaração *Dignitatis humanae*, de 7 de dezembro de 1965, promulgada pelo Concílio Vaticano II (1965b). Nesse concílio, estabeleceu-se uma diferenciação entre a liberdade social, política e jurídica, em matéria de religião, e a obrigação moral pessoal de se buscar a verdadeira religião. Nesse sentido, a *Dignitatis humanae* reafirma a convicção de que a Igreja tem de professar a verdadeira religião e a obrigação moral que todo homem tem, de buscar a verdadeira relação com Deus:

> 1. [...] Em primeiro lugar, pois, afirma o sagrado Concílio que o próprio Deus deu a conhecer ao gênero humano o caminho pelo qual, servindo-O, os homens se podem salvar e alcançar a felicidade em Cristo. Acreditamos que esta única religião verdadeira se encontra na Igreja católica e apostólica, à qual o Senhor Jesus confiou o encargo de a levar a todos os homens, dizendo aos Apóstolos: "Ide, pois, fazer discípulos de todas as nações, batizando-os em nome do Pai, do Filho e do Espírito Santo, ensinando-os a cumprir tudo quanto vos prescrevi" (Mt 28,19-20). Por sua parte, todos os homens têm o dever de buscar a verdade, sobretudo no que diz respeito a Deus e à sua Igreja e, uma vez conhecida, de a abraçar e guardar.
>
> O sagrado Concílio declara igualmente que tais deveres atingem e obrigam a consciência humana e que a verdade não se impõe de outro modo senão pela sua própria força, que penetra nos espíritos de modo ao mesmo tempo suave e forte. Ora, visto que a liberdade religiosa, que os homens exigem no exercício do seu dever de prestar culto a Deus, diz respeito à imunidade de coação na sociedade civil, em nada afeta a doutrina católica tradicional acerca do dever moral que os homens e as sociedades têm para com a verdadeira religião e a única Igreja de Cristo. Além disso, ao tratar desta liberdade religiosa, o sagrado Concílio tem a intenção de desenvolver a doutrina dos últimos Sumos Pontífices acerca dos direitos invioláveis da pessoa humana e da ordem jurídica da sociedade. (Concílio Vaticano II, 1965b)

O concílio buscou recuperar o valor que determina que a fé deve ser pregada por meio da palavra e do exemplo, e não pela força, explicitando a forma de se viver isso na prática, nos âmbitos político e social. A liberdade de não sofrer coação, aliada a um implícito dever moral de se buscar a verdadeira religião, encontra-se fundamentada na própria natureza do homem, como ser livre e racional. Quanto a esse aspecto, o Concílio Vaticano II (1965b) afirma:

> 2. Este Concílio Vaticano declara que a pessoa humana tem direito à liberdade religiosa. Esta liberdade consiste no seguinte: todos os homens devem estar livres de coação, quer por parte dos indivíduos, quer dos grupos sociais ou qualquer autoridade humana; e de tal modo que, em matéria religiosa, ninguém seja forçado a agir contra a própria consciência, nem impedido de proceder segundo a mesma, em privado e em público, só ou associado com outros, dentro dos devidos limites. Declara, além disso, que o direito à liberdade religiosa se funda realmente na própria dignidade da pessoa humana, como a palavra revelada de Deus e a própria razão a dão a conhecer [...]. Este direito da pessoa humana à liberdade religiosa na ordem jurídica da sociedade deve ser de tal modo reconhecido que se torne um direito civil.
>
> De harmonia com própria dignidade, todos os homens, que são pessoas dotadas de razão e de vontade livre e por isso mesmo com responsabilidade pessoal, são levados pela própria natureza e também moralmente a procurar a verdade, antes de mais a que diz respeito à religião. Têm também a obrigação de aderir à verdade conhecida e de ordenar toda a sua vida segundo as suas exigências. Ora, os homens não podem satisfazer a esta obrigação de modo conforme com a própria natureza, a não ser que gozem ao mesmo tempo de liberdade psicológica e imunidade de coação externa. O direito à liberdade religiosa não se funda, pois, na disposição subjetiva da pessoa, mas na sua própria natureza. Por esta razão, o direito a esta imunidade permanece ainda naqueles

> que não satisfazem à obrigação de buscar e aderir à verdade; e, desde que se guarde a justa ordem pública, o seu exercício não pode ser impedido[3].

A participação do Estado em matéria religiosa também é explicada pelo documento conciliar. O concílio admite a existência de um Estado no qual uma religião tenha algum destaque, por algum motivo cultural ou histórico de pertença para a maioria da população, desde que não prejudique os direitos dos demais:

> 6. [...] Se, em razão das circunstâncias particulares dos diferentes povos, se atribui a determinado grupo religioso um reconhecimento civil especial na ordem jurídica, é necessário que, ao mesmo tempo, se reconheça e assegure a todos os cidadãos e comunidades religiosas o direito à liberdade em matéria religiosa.
>
> Finalmente, a autoridade civil deve tomar providências para que a igualdade jurídica dos cidadãos – a qual também pertence ao bem comum da sociedade nunca seja lesada, clara ou larvadamente, por motivos religiosos, nem entre eles se faça qualquer discriminação.
>
> Daqui se conclui que não é lícito ao poder público impor aos cidadãos, por força, medo ou qualquer outro meio, que professem ou rejeitem determinada religião, ou impedir alguém de entrar numa comunidade religiosa ou dela sair. Muito mais é contra a vontade de Deus e os sagrados direitos da pessoa e da humanidade recorrer por qualquer modo à força para destruir ou dificultar a religião, quer em toda a terra quer em alguma região ou grupo determinado. (Concílio Vaticano II, 1965b)

Por fim, a declaração *Dignitatis humanae* coloca como limitação para a liberdade religiosa a ordem pública, em seu parágrafo 7 (Concílio Vaticano II, 1965b). De tudo isso, podemos resumir o ensinamento da

---

3 Neste trecho, foram omitidas apenas as remissões a notas do original.

Igreja acerca da liberdade religiosa no mundo moderno nos seguintes tópicos:

- **Verdadeira religião** – A Igreja ensina ser ela a depositária da verdadeira doutrina religiosa, revelada por meio de Deus, inicialmente por meio dos profetas e depois por meio do Filho de Deus encarnado, Jesus Cristo, cuja missão foi continuada pelos apóstolos e seus sucessores na Igreja.
- **Obrigação moral de buscar a Deus** – O homem tem a obrigação moral e pessoal, não jurídica, de buscar a verdade e aproximar-se de Deus. Para isso, o ser humano é dotado de razão e liberdade para que possa buscar conhecer a Deus e segui-Lo com convicção.
- **Liberdade política e social de consciência** – O homem não pode ser coagido a crer em algo, pois deve ser levado à busca da verdade por argumentos. Isso não equivale a dar reconhecimento jurídico ao erro ou a falsas religiões, mas garantir que o homem possa buscar a Deus livremente.
- **Liberdade de prática religiosa** – O homem pode praticar e pregar sua religião livremente, desde que não perturbe a ordem pública. A liberdade de religião, portanto, pressupõe não só uma liberdade interna (de culto privado), mas também externa, na qual a doutrina religiosa possa ser comunicada aos demais.

Sabemos que, atualmente, ainda existem países que, por influência de ideologias comunistas ou de interpretações fundamentalistas do islamismo ou outras religiões, restringem a liberdade de crença ou mesmo estabelecem punições para a prática ou propagação de determinada religião. Entretanto, algumas distorções sobre a liberdade religiosa e a laicidade do Estado estão produzindo discursos restritivos, até mesmo hostis, a algumas doutrinas, em países do Ocidente nos quais a liberdade de religião já é amplamente reconhecida e amparada pelas leis. É em virtude desses dois fatores que a Igreja tem feito contínuos pronunciamentos acerca da importância da liberdade religiosa.

Os últimos papas, especialmente João Paulo II e Bento XVI, pronunciaram-se várias vezes sobre o problema do laicismo no mundo contemporâneo. Os argumentos dos ditos pontífices giram em torno do seguinte fato: relegar ao âmbito privado a religião e impedir as pessoas de agirem, no âmbito público, de acordo com suas crenças fere a liberdade de religião e de consciência. Em mensagem escrita para o Dia Mundial da Paz (1º de janeiro) do ano de 2011, Bento XVI frisou a contribuição pública de caráter caritativo-assistencial e ético que as religiões trouxeram para as sociedades, lembrando de forma especial a contribuição do cristianismo para as civilizações ocidentais:

> 6. [...] Inegável é a contribuição que as religiões prestam à sociedade. São numerosas as instituições caritativas e culturais que atestam o papel construtivo dos crentes na vida social. Ainda mais importante é a contribuição ética da religião no âmbito político. Tal contribuição não deveria ser marginalizada ou proibida, mas vista como válida ajuda para a promoção do bem comum. Nesta perspectiva, é preciso mencionar a dimensão religiosa da cultura, tecida através dos séculos graças às contribuições sociais e sobretudo éticas da religião. Tal dimensão não constitui de modo algum uma discriminação daqueles que não partilham a sua crença, mas antes reforça a coesão social, a integração e a solidariedade. (Bento XVI, 2011)

Para a Igreja, a participação da religião no âmbito público e na formação cultural dos povos ajuda na construção de parâmetros éticos, rumo a uma universalização de valores. Essa preocupação também aparece quando o então Cardeal Joseph Ratzinger pronunciou a homilia da missa do conclave que o elegeria Sumo Pontífice da Igreja romana. Naquele momento, o papa condenou o que chamou de "ditadura do relativismo", um modo de pensar e viver que relativiza todas as convicções, as crenças e os valores morais, tentando confundir convicção e fé firmes com fundamentalismo:

> Ter uma fé clara, segundo o Credo da Igreja, muitas vezes é classificado como fundamentalismo. Enquanto o relativismo, isto é, deixar-se levar "aqui e além por qualquer vento de doutrina", aparece como a única atitude à altura dos tempos hodiernos. Vai-se constituindo uma ditadura do relativismo que nada reconhece como definitivo e que deixa como última medida apenas o próprio eu e as suas vontades. (Ratzinger, 2005)

Com relação ao crescimento dos fundamentalismos e fanatismos, a Igreja tem buscado alertar para o perigo da instrumentalização da religião para a promoção da violência ou de interesses políticos. Segundo o pensamento do Papa Bento XVI, em sua mensagem para o Dia Mundial da Paz em 2011, no parágrafo 8, o fundamentalismo e o laicismo radical são dois extremos de uma mesma linha, que distorcem a função da religião na sociedade (Bento XVI, 2011).

A Igreja vê a cooperação entre as instituições religiosas e os poderes públicos, respeitando as autonomias inerentes a cada um como um meio para promover a defesa dos direitos humanos e o crescimento da sociedade, em um sentido que vá além do simples progresso técnico.

Além das iniciativas assistenciais de associações caritativas que a Igreja promove para ajudar os cristãos perseguidos em diversos países, ela também tem uma presença ativa, em grande parte do mundo, na defesa de valores éticos e morais em um mundo em que, apesar de haver um grande consenso sobre os direitos intrínsecos ao ser humano, faltam parâmetros éticos e morais universais para fundamentar os direitos humanos, tantas vezes ameaçados.

5.2 Família, educação e sexualidade

Em um discurso proferido aos participantes de um congresso promovido pelo Partido Popular Europeu, no ano de 2006, o Papa Bento XVI falou que, ao acompanhar os temas políticos e sociais, a Igreja considera três princípios como inegociáveis para um cristão em matéria política:

1. A defesa da vida, desde a concepção até a morte natural.
2. A defesa do casamento, como união entre homem e mulher para a formação dos filhos.
3. O direito dos pais sobre a educação dos filhos.

O texto de Bento XVI (2006) afirma claramente:

> No que se refere à Igreja Católica, o interesse principal das suas intervenções no campo público é a tutela e a promoção da dignidade da pessoa e, por conseguinte, ela chama conscientemente a uma particular atenção aos princípios que não são negociáveis. Entre eles, hoje emergem os seguintes:
>
> tutela da vida em todas as suas fases, desde o primeiro momento da concepção até à morte natural;
>
> reconhecimento e promoção da estrutura natural da família, como união entre um homem e uma mulher baseada no matrimônio, e a sua defesa das tentativas de a tornar juridicamente equivalente a formas de uniões que, na realidade, a danificam e contribuem para a sua desestabilização, obscurecendo o seu carácter particular e o seu papel social insubstituível;
>
> tutela do direito dos pais de educar os próprios filhos.

Sobre esses princípios inegociáveis, o Papa Bento XVI ainda recordou que, embora reforçados pela Revelação divina, não são verdades de fé, mas verdades naturais, alcançáveis pela razão humana.

A instituição familiar ocupa uma posição de relevo no ensinamento da Igreja. Considerada uma continuidade da obra criadora de Deus, na qual os homens não somente se reproduzem, mas educam e formam seus filhos, a família é vista de uma perspectiva natural pela Igreja, como o órgão primordial da estrutura social, anterior ao Estado. Além disso, dentro da comunidade eclesial, a família é vista como uma Igreja doméstica, o local do primeiro contato das crianças com a fé e a prática cristãs, chamado a ser um local de comunhão e sinal do amor de Deus para o mundo, como defende a Igreja na constituição dogmática *Lumen Gentium*, de 21 de novembro de 1964, em seu parágrafo 11 (Concílio Vaticano II, 1964), e ainda na exortação apostólica *Familiaris Consortio*, no parágrafo 21 (João Paulo II, 1981).

O fato de a família ser o elemento principal da sociedade faz com que ela tenha responsabilidade primordial na formação das novas gerações. Embora a Igreja tenha, durante sua história, construído diversas instituições de ensino visando à formação religiosa, cultural e científica de seus fiéis e outras pessoas, ela sempre reconheceu que a educação começa com a família. Um exemplo disso pode ser dado no caso da evangelização de menores de idade, em que, por diversas vezes, a Igreja exigiu a necessidade do consentimento dos pais para batizar crianças, a fim de que elas pudessem receber o sacramento com a garantia de obterem igualmente uma formação cristã, dentro do lar.

A educação cristã sempre foi vista como uma unidade, na qual o ensino dos conhecimentos e das técnicas científicas não deveria separar-se da formação cristã da pessoa, como afirma o Concílio Vaticano II (1965c) na declaração *Gravissimum Educationis*, em seus parágrafos 3 e 5. De fato, mesmo entre os pagãos gregos e romanos, a educação dos homens livres, pela influência de diversas escolas filosóficas, objetivava não somente munir o homem de conhecimentos, mas o aperfeiçoamento integral do indivíduo, na condição de pessoa humana, em suas virtudes e em sua ciência. Entre os judeus, já havia o costume de uma educação mais ampla, pelo fato de a identidade cultural e as normas de vida desse povo estarem pautadas nos textos das escrituras do Antigo Testamento, o que os diferenciava dos povos gregos e romanos, entre os quais a educação era mais restrita. Também a Igreja Católica, munida da doutrina de igualdade natural entre os homens, buscou ampliar o acesso à educação, construindo escolas, bibliotecas, colégios e universidades, para diferentes formas e etapas de ensino.

A partir do século XVIII, por influência do Iluminismo, do nacionalismo e de outras ideologias, mudou-se o conceito acerca das finalidades e dos métodos da educação e do ensino. Uma concepção ética totalmente laicizada buscava afastar a educação da Igreja, transferindo-a para o Poder Público. Embora o auxílio do Poder Público para a educação possa ser de grande benefício, é inegável que, em muitos momentos, esse auxílio foi utilizado como instrumento de imposição de ideologias de grupos que controlavam os governos. Nesse sentido, a escola pública patrocinada pelo Estado surge com três grandes finalidades:

1. A formação do cidadão, dentro do conceito de cidadania oriundo da Revolução Francesa.
2. O ensino técnico, necessário para a formação de indivíduos aptos ao trabalho na crescente burocracia estatal.
3. A propagação do ideal do Estado-nação, em detrimento da regionalização política e cultural.

Os regimes totalitários do século XX usaram largamente a educação como instrumento de propagação de suas doutrinas nas populações que governavam. Muitos desses regimes, a exemplo do que alguns governos haviam feito no século XIX, proibiram a Igreja de manter instituições de ensino. Nas encíclicas de Pio XI e Pio XII contra as ideologias totalitárias, os papas afirmavam a primazia da família sobre o Estado com relação ao direito de educação. No Concílio Vaticano II, a Igreja reafirmou o direito dos pais sobre a educação dos filhos e, em especial, lembrou do compromisso dos pais cristãos em transmitir a fé aos filhos. A declaração sobre educação *Gravissimum Educationis* também recordou as diversas obras educacionais mantidas pela Igreja (Concílio Vaticano II, 1965c).

Atualmente, nos países ocidentais se reconhece a possibilidade da existência de instituições e sistemas de ensino confessionais, nas redes particulares. Entretanto, em muitos lugares, busca-se impor, por parte do Poder Público ou de outros ambientes acadêmicos, ideologias que confrontam os ensinamentos morais da Igreja. Em diversos materiais didáticos e cursos, apresenta-se uma noção distorcida da história, que mostra a atuação da Igreja de forma caricata e depreciativa, principalmente com relação ao conhecimento. Tais abusos, além de desrespeitosos com a religião cristã, acabam por reproduzir, sem reflexão crítica, ideias iluministas e marxistas já revisadas pelas pesquisas historiográficas posteriores.

Sobre a liberdade de opinião e pesquisa na educação, é bom lembrar que a Igreja apenas coloca limites éticos no sentido de não se violar a dignidade humana e se pronuncia de forma taxativa apenas sobre assuntos de fé e moral. A Igreja não apresenta uma corrente filosófica única, um modelo político ideal, uma teoria econômica oficial etc. Nesses assuntos, a instituição admite a plena liberdade científica e de opinião dos fiéis, conforme destacado pelo Concílio Vaticano II, na constituição pastoral *Gaudium et Spes*, em seu parágrafo 76 (Concílio Vaticano II, 1965a).

Outro elemento que, muitas vezes, deprecia ou restringe a possibilidade de pronunciamento dos cristãos é o campo relativo à sexualidade que, no mundo atual, também acaba por abarcar o sistema educacional dos países ocidentais. O campo da sexualidade encontra-se, na sociedade ocidental contemporânea, bastante impregnado pelo relativismo moral, desde meados dos anos 1960, com a chamada *revolução sexual*.

Uma distorção frequente em âmbitos não cristãos, ou até mesmo em meios católicos em que não haja muita formação doutrinal, é de que a Igreja Católica vê o sexo como algo pecaminoso. Em primeiro lugar, é preciso distinguir a visão cristã da sexualidade da **moral burguesa**, tão característica da Europa do século XIX e primeira metade do século XX. A moral burguesa restringia, de forma preconceituosa, a sexualidade da mulher, ao mesmo tempo que tolerava uma prática sexual desordenada, por parte dos homens. Para a Igreja, a sexualidade não se restringe à dimensão do ato sexual, mas é um elemento da personalidade humana, como mostramos ao tratarmos da antropologia cristã, no Capítulo 4. A sexualidade humana pode ser vivida, segundo a doutrina cristã, de duas formas:

1. Por meio da continência, pelo celibato (no estado de vida religioso, por exemplo).
2. Por meio da vida conjugal, no matrimônio.

Em ambos os casos, o exercício da sexualidade, por meio do celibato ou da vida conjugal, é igualmente entendido como uma doação da pessoa, dentro de uma escolha livre e responsável.

Não é nosso objetivo aqui expor toda a doutrina da Igreja acerca da sexualidade, apenas frisar duas coisas:

1. O ensinamento cristão da sexualidade exige uma entrega livre e responsável, igualmente do homem e da mulher.
2. A sexualidade, seja no matrimônio, seja no celibato, implica em doação ao próximo. No caso do celibato, oferecendo-se maior disponibilidade para obras de caridade; já no caso do casamento, colocando-se a serviço do cônjuge e dos filhos.

Com relação ao ato sexual, a Igreja entende que deve ser exercido dentro do casamento, como doação total de ambos os cônjuges, em um amor fecundo, que esteja aberto à vida por meio da geração da prole. Como se nota, a sexualidade na ótica cristã está sempre orientada para a família; quer a família carnal, no caso do matrimônio; quer a família espiritual, no caso do celibato. Fizemos questão de relembrar esses pontos para demonstrar que a visão da Igreja sobre o sexo não é contrária aos direitos humanos ou à dimensão corpórea do homem. Antes, a ótica cristã revela a verdadeira dimensão da sexualidade e do corpo humano, expressão da pessoa como um todo, e não mero objeto de prazer ou capricho individual. Isso é o que afirma o Conselho Pontifício para a Família, no documento *Sexualidade humana: verdade e significado*, em seu parágrafo 3 (Conselho Pontifício para a Família, 1995).

Recordando as palavras do Papa Bento XVI, finalizamos com a concepção da Igreja acerca do matrimônio, definindo-o como "uma união indissolúvel entre um homem e uma mulher com vistas à formação de uma família" (Bento XVI, 2006). A Igreja entende que a família se forma a partir da união e da complementaridade do ser humano, de ambos os sexos, e que esse amor, concretizado na geração da vida no ato sexual, é participação no amor fecundo do Criador. A defesa do matrimônio indissolúvel entre homem e mulher pela Igreja, entretanto, não significa que essa instituição não admita a separação física dos cônjuges (que não se confunde com o divórcio) quando motivos graves assim exigirem. De igual forma, a Igreja ensina que as pessoas de tendência homossexual devem ser acolhidas com amor e respeito na comunidade cristã, sendo encorajadas e auxiliadas a viverem a castidade, na forma da continência, conforme orientam os parágrafos 2357 a 2359 do Catecismo da Igreja Católica (CIC, 1992).

5.3 Populações migrantes

Grandes migrações foram frequentes na história humana, algumas forçadas por ações coercitivas de outros povos e governos, e outras de iniciativa mais livre, embora muitas vezes condicionadas pela pressão de acontecimentos externos, como guerras, crises econômicas, pobreza, desastres naturais, carência de recursos naturais e outros semelhantes.

A história do povo hebreu no Antigo Testamento é de contínuas migrações em busca da terra prometida, intercaladas por períodos de exílio, escravidão e domínio estrangeiro. Os textos do Pentateuco mostram Deus próximo a seu povo, guiando-o da escravidão para a Terra Prometida. Outros escritos veterotestamentários também mostram a Deus próximo de seu povo, mesmo quando esse povo se encontrava no exílio. É interessante notar como o Pentateuco usa a situação de escravidão dos hebreus no Egito para, na Lei mosaica, lembrá-los do dever de acolhida e respeito aos estrangeiros "pois também tu foste estrangeiro no Egito" (Ex 22,21; Lv 19,34; Dt 10,19).

No Novo Testamento, a acolhida ao estrangeiro fica mais evidente pois, além de situar a Encarnação do Filho de Deus em um momento de dominação estrangeira sobre o povo judeu, mostra também Jesus interagindo com os gentios, mesmo com os que poderiam ser considerados *agentes da dominação*, como o centurião romano. Os escritos neotestamentários também nos mostram a hospitalidade sendo vivida nas primeiras comunidades cristãs. A Igreja seguiu essa prática, construindo instalações para peregrinos e viajantes e também exercendo a hospitalidade nos mosteiros (Doig K., 1994).

Os séculos XX e XXI, com a grande quantidade de conflitos, além de situações de grande pobreza ou desastres naturais em grande escala, produziram um número elevado de migrações. Atualmente, podemos citar como exemplos as migrações de haitianos para a América do Sul, atribuída aos conflitos internos e ao forte terremoto ocorrido no ano de 2010, e as migrações de grupos do Oriente Médio, fugindo do avanço do grupo fundamentalista autointitulado *Estado Islâmico*, saindo do Iraque e da Síria. O choque cultural, as mudanças sociais e econômicas trazidas por grandes ondas migratórias costumam gerar reações extremadas, sendo comum o aparecimento de ideologias nacionalistas e xenofóbicas. Porém, no outro extremo, encontra-se também a ideologia multiculturalista.

O nacionalismo xenófobo costuma associar os imigrantes estrangeiros a uma imaginada "poluição" do que se acredita ser a pureza de sua cultura. É frequente, nos discursos de fanatismo nacionalista, a ideia de que o imigrante é alguém que vai roubar os empregos da população local e substituir os modos de vida do país pelos modos trazidos de fora. No fundo, essa visão reduz as trocas culturais a uma via de mão única, como se, no encontro de duas culturas, ambas não tivessem elementos positivos, que pudessem se influenciar mutuamente. O nacionalismo xenófobo também esquece que a vinda de novas pessoas e novas ideias pode mesmo não afetar negativamente a balança econômica, mas trazer novas modalidades de empreendimentos para o país de destino.

O multiculturalismo pode ser entendido de duas formas. Na condição de fenômeno histórico, podemos considerá-lo como a convivência de diferentes culturas dentro de um mesmo território, ou sob um mesmo ordenamento jurídico. Esse tipo de pluralismo cultural existiu, em vários momentos e diversas localidades ao longo da história, conforme demonstra Luis Filipe Thomaz (2009, p. 381-382). A própria história da Igreja e sua adaptação aos diferentes povos testemunha uma diversidade cultural. Entretanto, nessa forma de pluralidade cultural, a cultura não é vista como um valor absoluto, mas está sujeita a crenças religiosas e normas morais bastante claras.

Outra forma de multiculturalismo é como ideologia. A ideologia multiculturalista transforma a cultura em um valor absoluto, conforme explica Demétrio Magnoli (2009, p. 92):

> Do ponto de vista teórico, o multiculturalismo assenta-se sobre um primeiro pressuposto que não é dramaticamente distinto do artigo de fé do "racismo científico". Esse pressuposto pode ser expresso como a noção de que a humanidade se divide em "famílias" discretas e bem definidas, denominadas etnias. O "racismo científico" fazia as suas "famílias" – as raças – derivarem da natureza. O multiculturalismo faz as etnias derivarem da cultura. O segundo pressuposto do multiculturalismo é que a cultura corresponde a um atributo essencial, imanente e ancestral de cada grupo étnico. Essa naturalização da cultura evidencia que o conceito de etnia, na narrativa multiculturalista, ocupa um nicho metodológico paralelo àquele do conceito de raça na narrativa do "racismo científico".

Primeiramente, é preciso frisar que a Igreja aceita a diversidade cultural, contanto que se mantenha unidade na doutrina dentro da Igreja e na aceitação dos valores morais da lei natural. O ensinamento cristão considera que todos os homens fazem parte de uma mesma família humana, e que todos são chamados a fazer parte da família de Deus, a Igreja. Nesse sentido, embora dentro da Igreja possa haver legítimas diversidades de nações, línguas e culturas, todos esses elementos devem submeter-se aos valores do Evangelho. De fato, foi assim durante a história, na qual a Igreja se aproveitou de diversos elementos positivos dos variados povos que evangelizou, incorporando-os à liturgia, arte, ensino etc., enquanto suprimiu outros considerados imorais, por exemplo os sacrifícios humanos, os rituais antropofágicos, a poligamia e outras prática semelhantes.

É inegável que deve haver leis próprias para cada país ou região, de acordo com suas particularidades, a fim de que possa haver uma ordem mínima, que garanta a convivência de seus habitantes. Assim, é igualmente necessário que haja um consenso ético e jurídico da parte de outros grupos que não compartilhem da cultura majoritária local. O grande problema, hoje, é que a diversidade cultural é posta como um dado absoluto, como ocorre quando são admitidos costumes contrários à moral e aos direitos humanos em nome do pluralismo.

Em muitos países, nos quais há grande afluxo de imigrantes vindos do Oriente Médio, surge uma preocupação com o crescimento de correntes fundamentalistas do Islã. Nesse sentido, corre-se o perigo de generalizar, haja vista que muitos muçulmanos migram de suas regiões de origem justamente para fugir da perseguição de grupos extremistas (basta lembrar, por exemplo, que o Estado Islâmico, o qual se considera de orientação sunita, persegue os muçulmanos de orientação xiita). O que pensa a Igreja a esse respeito?

Já explicamos, no Capítulo 3, que o direito de locomoção aparece nas declarações e nos pactos internacionais sobre direitos humanos, documentos aceitos pela Igreja Católica. No caso cristão, a imigração não é vista somente sob um olhar jurídico ou filantrópico, mas sob a ótica da caridade e da fraternidade. O Compêndio de Doutrina Social da Igreja Católica trata, em dois parágrafos, do tema das *migrações*. No primeiro desses parágrafos, o Pontifício Conselho "Justiça e Paz", órgão designado para tal pelo Papa João Paulo II para Compendiar a Doutrina Social da Igreja, recorda os motivos mais comuns que levam pessoas a migrarem de uma região a outra:

> 297. **A imigração pode ser antes um recurso que um obstáculo para o desenvolvimento**. No mundo atual, em que se agrava o desequilíbrio entre países ricos e países pobres e nos quais o progresso das comunicações reduz rapidamente as distâncias, crescem as migrações das pessoas em busca de melhores condições de vida, provenientes das zonas menos favorecidas da terra: a sua chegada nos países desenvolvidos é não raro percebida como uma ameaça para os elevados níveis de bem-estar alcançados graças a decênios

de crescimento econômico. Os imigrados, todavia, na maioria dos casos, respondem a uma demanda de trabalho que, do contrário, ficaria insatisfeita, em setores e em territórios nos quais a mão de obra local é insuficiente ou não está disposta a fornecer o próprio contributo em trabalho. (Pontifício Conselho "Justiça e Paz", 2004, grifo do original)

No segundo parágrafo relativo às migrações, o Compêndio de Doutrina Social da Igreja expõe como deve ser feita a acolhida aos imigrantes, frisando a prudência das autoridades para que se verifique a existência de condições necessárias para uma acolhida digna:

> 298. **As instituições dos países anfitriões devem vigiar cuidadosamente para que não se difunda a tentação de explorar a mão de obra estrangeira, privando-a dos direitos garantidos aos trabalhadores nacionais, que devem ser assegurados a todos sem discriminação**. A regulamentação dos fluxos migratórios segundo critérios de equidade e de equilíbrio [...] é uma das condições indispensáveis para conseguir que as inserções sejam feitas com as garantias exigidas pela dignidade da pessoa humana. Os imigrantes devem ser acolhidos enquanto pessoas e ajudados, junto com as suas famílias, a integrar-se na vida social [...]. Em tal perspectiva **deve ser respeitado e promovido o direito a ver reunida a família** [...]. Ao mesmo tempo, na medida do possível, devem ser favorecidas todas as condições que consentem o aumento das possibilidades de trabalho nas próprias regiões de origem [...][4]. (Pontifício Conselho "Justiça e Paz", 2004, grifo do original)

Como podemos notar, o ensino social da Igreja sobre a matéria da migração não trata de uma acolhida sem critérios, mas de uma acolhida que deve ser feita segundo as normas da prudência e da caridade (levando em conta tanto a população local quanto a migrante). Embora os pronunciamentos de um papa em discursos não constituam atos

4 Neste trecho, foram omitidas apenas as remissões a notas do original.

de Magistério, podemos ver um desenvolvimento do que já expusemos do Compêndio de Doutrina Social da Igreja em um discurso do Papa Francisco aos membros do corpo diplomático, acreditado pela Santa Sé no início do ano de 2017. Na mensagem, o papa explicita algumas normas de prudência e caridade a serem levadas em consideração diante do problema migratório contemporâneo:

> É preciso um empenho comum em favor de migrantes, deslocados e refugiados, que permita proporcionar-lhes um acolhimento digno. Isto implica saber conjugar o direito de cada ser humano a "transferir-se para outras comunidades políticas e nelas domiciliar-se" [...] e, ao mesmo tempo, garantir a possibilidade duma integração dos migrantes nos tecidos sociais onde se inserem, sem que estes sintam ameaçada a sua segurança, a própria identidade cultural e os seus próprios equilíbrios político-sociais. Por outro lado, os próprios migrantes não devem esquecer que têm o dever de respeitar as leis, a cultura e as tradições dos países onde são acolhidos.
>
> Uma abordagem prudente por parte das autoridades públicas não envolve a implementação de políticas de fechamento aos migrantes, mas implica avaliar, com sabedoria e clarividência, até que ponto o seu país é capaz, sem lesar o bem comum dos cidadãos, de oferecer uma vida decente aos migrantes, especialmente àqueles que têm real necessidade de proteção. Sobretudo não se pode reduzir a dramática crise atual a uma simples contagem numérica. Os migrantes são pessoas com nomes, histórias, famílias, e não poderá jamais haver verdadeira paz enquanto existir um único ser humano que é violado na sua identidade pessoal e reduzido a mero número estatístico ou a um objeto de interesse económico.
>
> O problema migratório é uma questão que não pode deixar indiferentes alguns países, enquanto outros suportam o peso humanitário, muitas vezes com esforços consideráveis e sérias dificuldades, para

enfrentar uma emergência que parece não ter fim. Todos deveriam sentir-se construtores concorrendo para o bem comum internacional, inclusive através de gestos concretos de humanidade que constituem fatores essenciais daquela paz e daquele progresso que nações inteiras e milhões de pessoas estão ainda à espera. (Francisco, 2017)

Podemos resumir a abordagem do Papa Francisco aos seguintes pontos:

- **Dignidade dos imigrantes** – Os imigrantes devem ser tratados com respeito, de acordo com a dignidade da pessoa humana.
- **Respeito à cultura dos imigrantes** – Os países que acolhem os imigrantes devem respeitar a cultura e os costumes das populações acolhidas.
- **Respeito dos imigrantes à cultura e às leis do país de acolhida** – Não pode haver respeito cultural de mão única. Os imigrantes têm o direito de preservar seus modos de vida, desde que respeitem a cultura, os valores e as leis do país que os acolhe.
- **Prudência e esforço conjunto dos países na acolhida** – As autoridades nacionais precisam avaliar as condições reais e concretas que apresentam para acolher os imigrantes, levando em conta sua dignidade humana. Para isso, é necessário um esforço conjunto das nações, a fim de que a responsabilidade e o peso humanitário da acolhida não recaiam apenas sobre alguns países.

No fundo, a questão central do problema migratório é lembrar que tanto as populações da localidade quanto as migratórias são pessoas em iguais direitos e dignidade, e que os governos e as autoridades públicas, bem como cada pessoa, em sua atuação individual, devem agir levando em conta o bem de todos.

5.4 Vida humana

O direito à vida pode ser considerado o direito humano fundamental, do qual todos os demais derivam. Para vários povos da Antiguidade, a vida humana estava submetida a outros valores, como os de cultos religiosos ou a perfeição física e mental. O Antigo Testamento cita por exemplo o culto a Moloch, entre os povos habitantes de Canaã, no qual era costume o sacrifício de crianças (Lv 18,21). Também entre os celtas e vários povos ameríndios pré-colombianos eram comuns os sacrifícios humanos. No caso dos antigos gregos e romanos, embora não houvesse sacrifícios humanos, era comum a morte ou o abandono das crianças que nascessem com deficiências físicas ou mentais; esses povos viam com estranheza o fato de egípcios, germânicos e judeus criarem todos os filhos que concebessem (Veyne, 2009).

A moral presente no Antigo Testamento já apresenta uma visão bem mais positiva da vida humana que a dos povos contemporâneos que circundavam os hebreus. Se, por um lado, como já esclarecemos no Capítulo 4, a Lei mosaica estabelece a pena de morte para diversos delitos, percebemos que os textos veterotestamentários proíbem severamente a morte de um ser humano, exceto no caso de punição de um crime. Nos escritos neotestamentários, também encontramos esse princípio condenatório ao assassinato de indivíduos. O Novo Testamento, contudo, deixa mais explícita a vontade de Deus em favor do arrependimento do pecador no lugar da morte dele.

Durante sua história, a Igreja buscou defender o valor da vida humana, admitindo apenas a morte como punição por crimes considerados graves. Podemos ver isso na condenação ao aborto, aos costumes de vingança, aos duelos e torneios cruentos e, mais recentemente, também na posição contra a prática da eutanásia. As ideologias do século XX frequentemente relativizaram o valor da vida humana, em nome de seus projetos sociais e políticos, causando grande número de assassinatos políticos e genocídios. Nos séculos XX e XXI, muitos grupos ideológicos têm defendido algumas violações à vida humana, como o aborto e a eutanásia, com pretexto de defender liberdades individuais (Roccela; Scaraffia, 2014; Doig K., 1994).

Nas seções que seguem, apresentamos separadamente, portanto, a posição da Igreja perante cinco assuntos polêmicos que geram desentendimentos sobre o que ela, como instituição, recomenda acerca de cada um deles. Eles são a pena de morte, a tortura, o aborto, a eutanásia e a contracepção.

5.4.1 Pena de morte

A pena de morte é um assunto que suscita fortes polêmicas em debates, sendo permitida em alguns países signatários da Declaração Universal dos Direitos Humanos, de 10 de dezembro de 1948 (ONU, 1948) e dos pactos internacionais de direitos humanos. Pelas leis mais antigas de que temos conhecimento, podemos observar que a punição por morte era bastante comum, ao menos entre os povos antigos que desenvolveram a escrita. A Lei mosaica estabelecia pena de morte para diversos crimes, especialmente os contra a vida de outro ser humano, contra Deus ou contra a instituição familiar. O Império Romano também prescrevia a pena de morte para vários crimes e, quando se cristianizou, manteve essa forma de punição para vários delitos (embora tenha abolido a morte por crucifixão). Os bárbaros germânicos que adotaram o cristianismo também tinham a pena de morte entre suas normas consuetudinárias.

As leis bárbaras, contudo, baseavam-se numa ótica de vingança e reparação em que, muitas vezes, a pena poderia ser substituída pelo pagamento de uma multa, o que, naturalmente, fazia com que as pessoas mais abastadas se beneficiassem da brandura da lei, enquanto os menos favorecidos a sofriam com rigor. Um caso ilustrativo é uma queixa do Bispo Teodulfo de Orleans que, em 798 d.C., relatou ter visto em um mesmo dia na Gália (atual França) um roubo punido com a morte e um assassinato com uma multa. Esse episódio mostra que, embora aceitasse que as autoridades seculares punissem com a morte os criminosos, a Igreja reprovava certos usos, que quebravam a proporção entre o delito e a vida humana (Costa, 2012).

A aceitação da pena de morte pela Igreja aparece como componente da doutrina católica, em uma confissão de fé redigida entre os séculos XII e XIII para hereges que desejassem retornar à comunhão eclesial. Lemos, no texto de 1210, que: "No que diz respeito ao poder secular, declaramos que pode exercer o julgamento de sangue [isto é, a pena de morte] sem pecado mortal, contanto que, na execução do castigo, não proceda por ódio, mas por ato judicial, não de modo incauto, mas com prudência" (Inocêncio III, 1210, citado por Denzinger, 2007, p. 281). No Catecismo da Igreja Católica (CIC, 1992), lemos também que essa instituição admite a pena de morte em casos graves, quando não houver outros meios suficientes para punir o delito:

> 2267. A doutrina tradicional da Igreja, desde que não haja a mínima dúvida acerca da identidade e da responsabilidade do culpado, não exclui o recurso à pena de morte, se for esta a única solução possível para defender eficazmente vidas humanas de um injusto agressor.
>
> Contudo, se processos não sangrentos bastarem para defender e proteger do agressor a segurança das pessoas, a autoridade deve servir-se somente desses processos, porquanto correspondem melhor às condições concretas do bem comum e são mais consentâneos com a dignidade da pessoa humana.
>
> Na verdade, nos nossos dias, devido às possibilidades de que dispõem os Estados para reprimir eficazmente o crime, tornando

inofensivo quem o comete, sem com isso lhe retirar definitivamente a possibilidade de se redimir, os casos em que se torna absolutamente necessário suprimir o réu "são já muito raros, se não mesmo praticamente inexistentes".

Notamos, portanto, que a Igreja, embora admita a pena de morte em casos graves, se esforça para que esse tipo de pena seja cada vez menos necessário. A Igreja também exige que, quando houver a pena de morte, seja precedida por um processo bastante criterioso. Esse ensinamento está bem próximo do que é acordado entre os países signatários do Pacto Internacional sobre Direitos Civis e Políticos, ratificado no Brasil pelo Decreto n. 592, de 6 de julho de 1992 (Brasil, 1992b). Disso, podemos concluir que a pena de morte não é intrinsecamente contrária aos direitos humanos, pois, do contrário, não seria admitida pela Igreja como recurso legítimo, embora seja sempre preferível uma pena que não necessite privar o sujeito de sua vida, a fim de que o criminoso possa ter a oportunidade de mudança de comportamento. Nesse caso, a Igreja pronuncia-se apenas no campo dos princípios gerais, não se posicionando de forma direta sobre os casos concretos, sobre os quais cabe às autoridades competentes e aos especialistas envolvidos avaliar a necessidade ou não da pena de morte (Höffner, 1986).

A necessidade da pena de morte em casos concretos pode ser discutida pelos fiéis católicos, diferentemente da questão do aborto ou da eutanásia, que são atos intrinsecamente imorais, isto é, são imorais em si mesmos, independendo das circunstâncias. Em uma carta escrita em 2004 para o arcebispo de Washington, o então Cardeal Joseph Ratzinger, prefeito da Congregação para a Doutrina da Fé, escreve a diferenciação do quesito moral da pena capital e dos casos de aborto e eutanásia:

> 3. Nem todos os assuntos morais têm o mesmo peso moral que o aborto e a eutanásia. Por exemplo, se um católico discrepasse com o Santo Padre sobre a aplicação da pena de morte ou na decisão

> de fazer a guerra, este não seria considerado por esta razão indigno de apresentar-se a receber a Sagrada Comunhão. Ainda que a Igreja exorta às autoridades civis a buscar a paz, e não a guerra, e a exercer discrição e misericórdia ao castigar a criminais, ainda seria lícito tomar as armas para repelir a um agressor ou recorrer à pena capital. Pode haver uma legítima diversidade de opinião entre católicos a respeito de ir à guerra e aplicar a pena de morte, mas não, mesmo assim, a respeito do aborto e da eutanásia. (Ratzinger, 2004)

Segundo o texto citado, um católico pode entender a aplicação da pena de morte em alguma situação grave concreta, como um caso semelhante ao da legítima defesa, sem incorrer em erro moral, mesmo que discorde da opinião do Santo Padre sobre esse caso particular. De modo análogo, não estaria cometendo uma heresia quem discordasse do papa quanto à necessidade de uma guerra contra uma ameaça externa – muitas vezes é complicado avaliar a situação, sem o conhecimento de todos os atenuantes envolvidos, se é justa ou não uma determinada guerra contra uma potencial ameaça vinda de um inimigo externo.

O caso do aborto e da eutanásia são diferentes, pois tratam da morte de um inocente em ocasião em que não há a necessidade de eliminar uma vida, como último recurso de defesa contra um invasor ou criminoso que ameaçasse o resto da sociedade.

5.4.2 Tortura

A tortura consiste na aplicação de técnicas que causem dor ou sofrimento (físico e psicológico) a uma pessoa, no intuito de puni-la ou induzi-la a uma confissão. O uso da tortura era recorrente em vários povos antigos. Na Lei mosaica não encontramos referência ao uso da tortura como meio para adquirir confissões de acusados, mas encontramos a prática do açoitamento como forma de punição para alguns delitos (Dt 25,1-3; Pr 22,15). Embora vários impérios e povos que adotaram o cristianismo tivessem, em diversos momentos, feito uso da tortura, esta foi condenada pela doutrina da Igreja. A reprovação do uso da tortura como recurso para obter uma confissão aparece em uma carta do Papa Nicolau I (pontificado de 858 d.C.-867 d.C.) redigida no ano de 866 d.C., em resposta a questionamentos doutrinários feitos pela delegação de um príncipe búlgaro, após a adoção da religião cristã no reino da Bulgária:

> Dizeis que no vosso meio, quando é preso um ladrão ou um bandido e nega aquilo de que foi acusado, o juiz lhe golpeia a cabeça com chicotes e lhe fere os flancos com outros instrumentos de ferro, para que diga a verdade. Isto não <é> permitido de modo algum, nem pela lei divina, nem pela lei humana, já que uma confissão não deve ser involuntária, mas voluntária; nem se deve extorqui-la mediante a violência, mas deve ser apresentada voluntariamente; se, ao fim, acontece que, mesmo depois de ter usado esses tormentos, nada encontrais daquilo de que o torturado é acusado, ao menos então não havereis de enrubescer reconhecendo o quanto julgais impiamente?
>
> De modo semelhante, porém, se uma pessoa incriminada, submetida <a tortura>, não podendo suportá-las, diz ter cometido aquilo que não cometeu, pergunto-me sobre quem recai a exorbitância de tanta impiedade, senão sobre aquele que obrigou essa pessoa a confessar o falso? E isso, embora se saiba que quem com a boca fala o que não tem no coração não faz uma confissão, mas <somente> palavreia!...
>
> Se, além disso, um homem livre for citado por um crime e – caso não tenha sido já anteriormente declarado réu de algum crime ou, provada sua culpa mediante três testemunhas, esteja submetido à pena, ou caso não se possa provar a culpa – jurar, sobre o sagrado Evangelho posto diante dele, que não cometeu de modo algum <o ato>, <o tal> deve ser absolvido e a questão encerrada,

como testemunha o tão citado Apóstolo das gentes, quando diz: "A garantia dada no juramento põe fim a qualquer contestação" [*Hb* 6,16]. (Nicolau I, 866 d.C., citado por Denzinger, 2007, p. 235-236)

A carta do papa levanta uma questão prática: a tortura, além de violar a liberdade e a integridade física, leva frequentemente o supliciado, por medo dos tormentos ou pela dor sofrida, a confessar o que não cometeu ou o que desconhece. Embora o Papa Inocêncio IV tenha tolerado o uso de alguns suplícios no processo interrogatório da Inquisição, com restrições à manutenção da integridade dos membros corpóreos e evitando o perigo de morte (Inocêncio IV, 1252, citado por Pinho, 2014), o ensinamento da Igreja sempre condenou a tortura como contrária à dignidade humana. No século XX, diante da ampliação do uso da tortura em regimes autoritários, totalitários e ditatoriais, a Igreja também se pronunciou diversas vezes a favor da abolição dessa prática dos processos interrogatórios e judiciais. O Catecismo da Igreja Católica expõe a condenação da tortura e recorda que, embora muitas vezes em tribunais cristãos e da própria Igreja, essa prática tenha sido lamentavelmente utilizada, nos tempos atuais vê-se mais claramente que esse tipo de procedimento é desnecessário, além de contrário à dignidade humana, conforme prescrevem os parágrafos 2297 e 2298 do documento (CIC, 1992).

5.4.3 Aborto

A Igreja sustenta como verdade que a vida humana começa na concepção, isto é, no momento da união do espermatozoide com o óvulo. Essa instituição considera que a vida humana de um indivíduo adulto perfeitamente saudável tem o mesmo valor que a vida de um ser humano que esteja ainda em desenvolvimento no útero materno. Por esse motivo, a Igreja sempre condenou o aborto, ou a interrupção voluntária da gravidez, como algo intrinsecamente imoral, já que resulta invariavelmente na morte de um ser humano inocente e indefeso, o que até mesmo amplia a gravidade de tal ato. Para a moral, os fins não justificam os meios, o que significa dizer que um meio ou procedimento mau e injusto não pode ser usado para se obter uma finalidade ou objetivo bom e justo. É por causa desse motivo que a Igreja se posiciona radicalmente contra as propostas de legalização ou descriminalização do aborto, que usam como pretexto a liberdade sexual das mulheres, conforme também se pode ler nos parágrafos 2258 e 2279 do mesmo documento (CIC, 1992).

Na encíclica *Evangelium Vitae*, de 25 de março de 1995, o Papa João Paulo II resume a gravidade do aborto como violação de uma vida humana inocente e indefesa, além de recordar o caráter de pessoa humana inerente a todo ser concebido no ventre materno:

> 58. [...] A gravidade moral do aborto provocado aparece em toda a sua verdade, quando se reconhece que se trata de um homicídio e, particularmente, quando se consideram as circunstâncias específicas que o qualificam. A pessoa eliminada é um ser humano que começa a desabrochar para a vida, isto é, o que de mais inocente, em absoluto, se possa imaginar: nunca poderia ser considerado um agressor, menos ainda um injusto agressor! **É frágil**, inerme, e numa medida tal que o deixa privado inclusive daquela forma mínima de defesa constituída pela força suplicante dos gemidos e do choro do recém-nascido. Está **totalmente entregue** à proteção e aos cuidados daquela que o traz no seio. E todavia, às vezes, é precisamente ela, a mãe, quem decide e pede a sua eliminação, ou até a provoca.
>
> [...]
>
> 61. [...] A vida humana é sagrada e inviolável em cada momento da sua existência, inclusive na fase inicial que precede o nascimento. Desde o seio materno, o homem pertence a Deus que tudo

> perscruta e conhece, que o forma e plasma com suas mãos, que o vê quando ainda é um pequeno embrião informe, e que nele entrevê o adulto de amanhã, cujos dias estão todos contados e cuja vocação está já escrita no "livro da vida" (cf. *Sal* 139/138, 1.13-16). Quando está ainda no seio materno – como testemunham numerosos textos bíblicos [...] – já o homem é objeto muito pessoal da amorosa e paterna providência de Deus. (João Paulo II, 1995, n. 58-61)

É importante frisar que a condenação do aborto em casos graves, como os de gravidez decorrente de estupro, não significa que a Igreja aprove tal conduta criminosa. Significa, somente, que a Igreja não admite que um inocente (a criança concebida da relação sexual abusiva) seja punido pelo crime de outrem (o estuprador). Tampouco esse posicionamento fere os direitos do homem, já que admite ao ser humano concebido no ventre materno o mesmo *status* de pessoa e os mesmos direitos reconhecidos aos demais seres humanos, em pé de igualdade. Também devemos lembrar que a Igreja incentiva a acolhida e o auxílio material, espiritual e psicológico às pessoas que se encontrem em situação de uma gravidez complicada, a fim de que sejam respeitados os direitos humanos tanto da gestante quanto do nascituro.

5.4.4 Eutanásia

O motivo que leva a Igreja a condenar a eutanásia é o mesmo que a faz condenar o aborto. A instituição entende a eutanásia como um procedimento que, por ação ou omissão, provoque a morte do paciente, com o objetivo de eliminar seu sofrimento. A eutanásia consiste em um ato homicida em relação a um inocente e é, por isso, condenável, pois submete o direito à vida ao arbítrio de outro ser humano, alienando-a. Na encíclica *Evangelium Vitae*, de 1995, que já citamos, o Papa João Paulo II estabelece uma diferenciação entre *eutanásia* e *desistência de tratamentos onerosos*, sem o abandono dos cuidados básicos do ser humano:

> 65. Para um correto juízo moral da eutanásia, é preciso, antes de mais, defini-la claramente. Por *eutanásia, em sentido verdadeiro e próprio*, deve-se entender uma ação ou uma omissão que, por sua natureza e nas intenções, provoca a morte com o objetivo de eliminar o sofrimento. "A eutanásia situa-se, portanto, ao nível das intenções e ao nível dos métodos empregues" [...].
>
> Distinta da eutanásia é a decisão de renunciar ao chamado "**excesso terapêutico**", ou seja, a certas intervenções médicas já inadequadas à situação real do doente, porque não proporcionadas aos resultados que se poderiam esperar ou ainda porque demasiado gravosas para ele e para a sua família. Nestas situações, quando a morte se anuncia iminente e inevitável, pode-se em consciência "renunciar a tratamentos que dariam somente um prolongamento precário e penoso da vida, sem, contudo, interromper os cuidados normais devidos ao doente em casos semelhantes" [...]. Há, sem dúvida, a obrigação moral de se tratar e procurar curar-se, mas essa obrigação há de medir-se segundo as situações concretas, isto é, impõe-se avaliar se os meios terapêuticos à disposição são objetivamente proporcionados às perspectivas de melhoramento. A renúncia a meios extraordinários ou desproporcionados não equivale ao suicídio ou à eutanásia; exprime, antes, a aceitação da condição humana defronte à morte [...][5]. (João Paulo II, 1995)

Dessa maneira, a Igreja estabelece uma distinção entre a **eutanásia** (provocar direta ou indiretamente a morte da pessoa), a **distanásia** (obstinação terapêutica, excesso de tratamentos infrutíferos) e a **ortotanásia** (aceitação da doença terminal, sem prolongar desnecessariamente a vida do paciente, mas mantendo os cuidados básicos de alimentação e outros). A Igreja rejeita a eutanásia e a distanásia, mas

5 Neste trecho, foram omitidas apenas as remissões a notas do original.

admite a ortotanásia. Nesse sentido, o ensinamento católico entende que a morte faz parte da realidade humana e terrena: não deve ser provocada, mas também não deve ser renegada quando for a hora querida pela Divina Providência[6].

5.4.5 Outras questões relacionadas

As questões da tortura, do aborto e da eutanásia são mais diretas e ameaçam a vida humana. Entretanto, podemos ver outros hábitos, mais corriqueiros, que também colocam em risco a vida das pessoas. O CIC (1992), em seus parágrafos 2284 a 2291, ao abordar as questões em torno do quinto mandamento – "Não matarás" (Dt 5,17) –, inclui como violações à vida humana o escândalo, que significa induzir direta ou indiretamente alguém a pecar pelo mal exemplo, danificando a alma do próximo com a mancha de um pecado; o culto ao corpo, o qual coloca a preocupação com a estética muitas vezes acima da própria saúde mental e corporal; o descuido com a saúde pessoal e alheia e outros similares.

Portanto, para uma cultura cristã de respeito à vida, é necessário que, além de combatermos as violações diretas à vida humana, busquemos também cultivar a responsabilidade em nossos hábitos pessoais: evitando difundir ódios e intrigas entre outras pessoas, cuidando bem da própria saúde, procurando não colocar em risco a vida de outros sem necessidade, o que significa dirigir com responsabilidade, manusear instrumentos perigosos sempre com o devido preparo e cautela e condutas cautelosas semelhantes.

De tal modo, a Igreja considera a vida humana um dom precioso de Deus e considera tolerável a eliminação de uma vida humana apenas em caso de legítima defesa, seja de forma individual ou em guerra,

6 Consulte mais informações sobre o assunto em: <https://pt.aleteia.org/2017/07/10/eutanasia-distanasia-e-ortotanasia-o-que-sao-e-quais-as-diferencas/>. Acesso em: 12 abr. 2018.

seja por meio da pena de morte em casos graves. Por isso, a instituição se opõe com veemência às propostas modernas, que tentam fazer do aborto e da eutanásia uma espécie de "novo direito humano", em nome de uma concepção distorcida da liberdade e do sofrimento humanos.

5.5 Relações com o meio ambiente

O crescimento da produção e economia industrial em larga escala, desde o século XIX, provocou alterações no ambiente natural, muitas vezes desestruturando as cadeias alimentares e o equilíbrio ecológico, ou prejudicando o ar atmosférico com o excesso da emissão de gases. Conforme comentamos no Capítulo 3, atualmente se relaciona parte do direito ambiental aos direitos humanos, por se entender que o ser humano só consegue ter uma vida saudável se puder ter acesso aos recursos naturais, dos quais depende.

A temática ambiental foi tratada, de forma direta, só muito recentemente pela Igreja, a partir apenas da segunda metade do século XX. Entretanto, não se trata de doutrina nova, mas da aplicação nas temáticas atuais do princípio moral de responsabilidade do homem pela Criação. A doutrina cristã entende que, embora Deus tenha feito o ser humano como senhor do mundo natural, ele deve usar da natureza com responsabilidade perante o Criador.

O meio ambiente hoje se encontra ameaçado, principalmente quando se colocam interesses econômicos acima da preocupação com o ser humano e a natureza que o rodeia. Nesse sentido, a destruição do meio ambiente também se mostra como um ato de egoísmo, que não leva em consideração a dependência das gerações futuras em relação aos recursos naturais.

Na encíclica *Laudato Si'*, de 24 de maio de 2015, o Papa Francisco (pontificado desde 2013 até os dias atuais) tratou da questão ambiental. No início do documento, o papa cita seus predecessores, João Paulo II e Bento XVI, para elencar as implicações morais e humanas dos problemas ambientais:

> 5. [...] A destruição do ambiente humano é um fato muito grave, porque, por um lado, Deus confiou o mundo ao ser humano e, por outro, a própria vida humana é um dom que deve ser protegido de várias formas de degradação. Toda a pretensão de cuidar e melhorar o mundo requer mudanças profundas "nos estilos de vida, nos modelos de produção e de consumo, nas estruturas consolidadas de poder, que hoje regem as sociedades". [...] O progresso humano autêntico possui um caráter moral e pressupõe o pleno respeito pela pessoa humana, mas deve prestar atenção também ao mundo natural e "ter em conta a natureza de cada ser e as ligações mútuas entre todos, num sistema ordenado" [...]. Assim, a capacidade do ser humano transformar a realidade deve desenvolver-se com base na doação originária das coisas por parte de Deus. [...]
>
> 6. O meu predecessor, Bento XVI, renovou o convite a "eliminar as causas estruturais das disfunções da economia mundial e corrigir os modelos de crescimento que parecem incapazes de garantir o respeito do meio ambiente". [...] Lembrou que o mundo não pode ser analisado concentrando-se apenas sobre um dos seus aspectos, porque "o livro da natureza é uno e indivisível", incluindo, entre outras coisas, o ambiente, a vida, a sexualidade, a família, as relações sociais. É que "a degradação da natureza está estreitamente ligada à cultura que molda a convivência humana". [...] O Papa Bento XVI propôs-nos reconhecer que o ambiente natural está cheio de chagas causadas pelo nosso comportamento irresponsável; o próprio ambiente social tem as suas chagas. Mas, fundamentalmente, todas elas se ficam a dever ao mesmo mal, isto é, à ideia de que

não existem verdades indiscutíveis a guiar a nossa vida, pelo que a liberdade humana não tem limites. Esquece-se que "o homem não é apenas uma liberdade que se cria por si própria. O homem não se cria a si mesmo. Ele é espírito e vontade, mas é também natureza". [...] Com paterna solicitude, convidou-nos a reconhecer que a criação resulta comprometida "onde nós mesmos somos a última instância, onde o conjunto é simplesmente nossa propriedade e onde o consumimos somente para nós mesmos. E o desperdício da criação começa onde já não reconhecemos qualquer instância acima de nós, mas vemo-nos unicamente a nós mesmos"[7]. (Francisco, 2015)

Como podemos observar, a falta de preocupação com o meio ambiente está relacionada a uma mentalidade de egoísmo e descarte, fruto de um consumismo desenfreado e de uma concepção de progresso que se fixa somente no ponto de vista técnico e econômico. Para a Igreja, existe uma forte vinculação entre a dignidade humana e o cuidado com o ambiente. Deus criou a natureza para servir às necessidades do ser humano. Dessa forma, devem ser evitados dois extremos:

1. O uso irresponsável dos recursos naturais, que desconsidera as necessidades das gerações presentes e futuras.
2. Um ecologismo de tendência quase panteísta, que considere o meio ambiente como um fim em si mesmo, colocando o ser humano no mesmo nível que os demais seres vivos.

Síntese

No presente capítulo, verificamos alguns posicionamentos da Igreja acerca dos temas relacionados aos direitos humanos que se encontram mais evidentes na atualidade. Pudemos perceber que a Igreja defende a liberdade religiosa como liberdade jurídica, política e social, para que

7 Neste trecho, foram omitidas apenas as remissões a notas do original.

a pessoa humana possa cumprir sem coerção externa seu dever moral de buscar a verdade e a relação com Deus. Essa liberdade implica, para as pessoas, poder agir, privada e publicamente, de acordo com suas convicções religiosas.

Verificamos, ainda, que a Igreja entende a família como instituição primordial da sociedade, formada da união, livre e responsável, de um homem e uma mulher, que devem viver a doação recíproca e a fecundidade, doando-se aos filhos. Nesse sentido, a doutrina cristã vê o exercício da sexualidade, na vida conjugal e na continência, como um dom de Deus exercido sob uma forma de doação ao próximo: doação ao cônjuge, na vida conjugal, e dedicação maior à caridade, no caso do celibato. À família, cabe também o direito primordial sobre a educação de seus membros, sendo o papel do Estado e de outras instituições subsidiário ao papel da instituição familiar.

Pudemos, ainda, esclarecer que a Igreja vê a vida humana como um dom de Deus e o maior bem físico de uma pessoa. Por conseguinte, a instituição rejeita todo atentado contra vida humana inocente, mesmo que sob pretextos aparentemente nobres, como o aborto, em casos de gravidez complicada, ou a eutanásia, em caso de doenças terminais. Valorizando toda vida humana, a Igreja olha com solidariedade as dificuldades das populações migrantes e incentiva os países à acolhida das pessoas, desde que com a devida prudência e o esforço conjunto da comunidade internacional.

Por fim, a questão ambiental aparece, no pensar da Igreja, como consequência lógica das responsabilidades do ser humano sobre a Criação. Nesse caso, a doutrina católica entende o tema como consequência da caridade: a preocupação com a necessidade de as gerações futuras usufruírem dos recursos naturais indispensáveis à vida humana.

Atividades de autoavaliação

1. A posição da Igreja com relação à liberdade religiosa:
   a) é idêntica à posição do liberalismo sobre o tema.
   b) nunca sofreu alterações quanto à aplicabilidade prática.
   c) faz uma distinção entre um dever moral, que é buscar a Deus, e uma liberdade política, jurídica, que é buscar a Deus livre de coerção externa.
   d) considera apenas a liberdade no âmbito privado.

2. Sobre a família nos ensinamentos da Igreja, assinale a afirmativa correta:
   a) Não há uma definição muito clara.
   b) Está fundada na união indissolúvel de um homem e uma mulher.
   c) Admite a poligamia.
   d) Coloca o direito de educação da família abaixo do dever do Estado.

3. Sobre a vida humana nos ensinamentos da Igreja, assinale as afirmativas com V para as verdadeiras e F para as falsas:
   ( ) A Igreja defende a vida desde a concepção.
   ( ) A Igreja rejeita completamente a pena de morte.
   ( ) A Igreja admite a eutanásia em alguns casos.
   ( ) A Igreja condena o aborto como intrinsecamente imoral.

   Agora, assinale a alternativa que contém a sequência correta:
   a) V, F, F, V.
   b) V, F, F, F.
   c) V, V, V, V.
   d) F, F, F, V.

4. Com relação à posição da Igreja sobre o problema migratório, assinale a afirmativa correta:
   a) A cultura é um valor absoluto e deve ser preservada a qualquer custo.
   b) Os povos devem renunciar a suas culturas para acolherem os migrantes.
   c) A imigração só deve ser aceita quando forem de populações cristãs.
   d) A imigração deve ser aceita dentro das normas da caridade e da prudência.

5. Sobre a questão ambiental, é **incorreto** afirmar que a Igreja:
   a) considera o cuidado com o meio ambiente gesto de responsabilidade diante da Criação.
   b) considera todos os seres vivos com a mesma dignidade do ser humano.
   c) ensina que o progresso técnico, econômico e científico não deve desconsiderar o cuidado ambiental.
   d) vê no descaso com o meio ambiente uma consequência do egoísmo e da "cultura do descarte".

Atividades de aprendizagem

Questões para reflexão

1. Por que ocorre, muitas vezes, mesmo em ambientes eclesiais, desconhecimento acerca da posição da Igreja sobre temas atuais de direitos humanos?

2. Qual é o maior desafio para a Igreja com relação aos direitos humanos no mundo atual?

Atividades aplicadas: prática

1. Pesquise em sua paróquia como são tratados os temas polêmicos de direitos humanos e avalie se há um conhecimento acerca das orientações da Igreja sobre esses temas.

2. Entreviste pessoas de seu convívio sobre o que conhecem dos ensinamentos da Igreja sobre família, sexualidade, valor da vida humana e o problema migratório. Indique as convergências e as divergências em relação ao que você observou neste capítulo.

6
Direitos humanos: atuação e prática[1]

1 Todas as passagens bíblicas indicadas neste capítulo são citações de Bíblia (2011).

Neste capítulo, abordaremos a dimensão prática dos direitos humanos. Quando falamos de *direitos do homem*, não falamos somente de uma teoria, mas de um ideal que deve ser buscado concretamente, na prática. De forma análoga ao que a Bíblia fala em vários livros, sobre a necessidade de unir o culto e o reconhecimento do Deus Uno e Verdadeiro à obediência e à prática de seus mandamentos, podemos dizer que o reconhecimento dos direitos humanos implica uma atuação prática, em defesa desses direitos.

6.1 A Igreja e a promoção dos direitos humanos no mundo de hoje

A Igreja tem várias iniciativas, ao redor do mundo, que promovem os direitos da pessoa humana, em suas mais variadas dimensões. Essas ações não comportam um padrão monolítico, por dois motivos:

1. Apesar de promover e valorizar os direitos humanos, a Igreja tem, como sua principal meta, levar as pessoas aos meios de Salvação, para obterem a comunhão com Deus e a Vida Eterna. A missão da Igreja é primordialmente espiritual, mas compete especialmente aos membros leigos da Igreja, inseridos no seio da sociedade civil, a busca por soluções práticas e concretas para a melhoria da garantia dos direitos da pessoa humana, nas diferentes dimensões da sociedade.
2. Muitos meios de melhorar as condições de vida do ser humano são alcançáveis por meio do debate, da pesquisa e do desenvolvimento das mais variadas ciências humanas, como o direito e a sociologia, e naturais, como a medicina, a química e ciências semelhantes. O progresso técnico-científico, apesar de receber auxílio de pessoas da Igreja, constituiu uma função específica da sociedade civil, secular. De fato, é responsabilidade primordial das autoridades públicas e instituições que atuem conjuntamente com garantia do progresso dos direitos da pessoa humana dentro de determinada sociedade.

Trataremos, brevemente, de algumas atuações da Igreja, no mundo de hoje, que auxiliam na promoção dos direitos humanos. Não é exagero recordarmos as obras de misericórdia, que são princípios-guias do auxílio às mais variadas necessidades e debilidades do ser humano.

As obras de misericórdia corporal nada mais são que a garantia, ao ser humano, do acesso imediato aos meios de conservação digna de sua vida corporal: alimentos, vestimenta, abrigo, companhia. As obras de misericórdia espiritual ajudam o ser humano a elevar-se em sua dimensão transcendente, dando-lhe acesso à verdade, à retidão de vida, auxílio em suas fraquezas morais e outras ajudas semelhantes.

Baseada nos princípios contidos nas obras de misericórdia, a Igreja construiu, ao longo de sua história, diversas instituições de caridade, sem considerar também a ação individual de diversas pessoas que foram fiéis ao modelo de vida evangélico ao longo de suas vidas cotidianas.

As obras de assistência caritativa mais antigas surgidas na Igreja foram aquelas ligadas ao alívio da pobreza e da fome, bem como à prática educacional. Pelo fato de o cristianismo ser constituído de uma série de doutrinas definidas sobre quem é Deus, qual o sentido e a finalidade da vida e qual é o modo correto de proceder – diferentemente das religiões pagãs gregas e romanas, que se caracterizavam por uma ortopráxis ritualista que se preocupava pouco com a moral ou ética, relegada à reflexão das escolas filosóficas –, a educação do fiel era um elemento importante. Dessa forma, surgiu a catequese, que visava ensinar a doutrina e a moral cristã, a fim de que todos os membros da Igreja pudessem ser formados em uma consciência cristã. Entretanto, nem todos os povos e contextos históricos de atuação da Igreja apresentavam amplo grau de instrução da população, como geralmente havia nas comunidades judaicas, nas quais a forte penetração das Escrituras e dos comentários rabínicos faziam necessário o conhecimento de diversos textos escritos para a condução de um modelo de vida. Por essas eventuais carências, a Igreja buscou em diferentes momentos a construção não somente de escolas catequéticas, mas de empreendimentos de ensino mais amplos, como escolas de gramática e artes liberais, universidades e colégios, entre outros.

Nos escritos do Novo Testamento, encontramos referências à coleta de dinheiro e bens materiais para o sustento dos membros necessitados das primeiras comunidades cristãs. Ao longo da história, a Igreja construiu várias instituições de caridade, muitas vezes unindo a assistência material ao cuidado da saúde, como no caso dos hospitais administrados por ordens religiosas, as quais também costumavam abrigar órfãos e peregrinos, dando-lhes abrigo e alimentos.

Outro exemplo interessante é o da criação, entre os séculos XII e XIII, das ordens religiosas dos trinitários e dos mercedários, que dedicavam seus esforços à libertação dos cristãos escravizados nos territórios muçulmanos.

Tratamos, no Capítulo 5, das questões migratórias. As ordens e as congregações religiosas, como também as paróquias em diversos lugares, têm atualmente disponibilizado parte de suas instalações para abrigar imigrantes e ajudá-los em suas necessidades, bem como auxiliá-los na inserção social em suas localidades. Ao longo da história, a Igreja também disponibilizou seus espaços para proteger indivíduos que estavam em situação de perseguição. Basta lembrarmos de catedrais que abrigaram judeus, em momentos de acirramento antissemita em algumas regiões da Europa, na época das Cruzadas, ou da abertura dos conventos e dos prédios do Vaticano para abrigar judeus e outras pessoas perseguidas pelo nazismo durante a ocupação alemã da cidade de Roma.

No mundo globalizado, a Igreja também tem mobilizado instituições de caridade em âmbito internacional, bem como apoiado grupos que se destinam a auxiliar, material e espiritualmente, os cristãos perseguidos em diversas regiões do mundo, especialmente nos continentes africano e asiático. Um exemplo pode ser visto também na atitude do Papa Francisco, que ordenou a instalação de chuveiros e abrigos para moradores de rua nas proximidades do Vaticano.

Iniciativas em prol das pessoas necessitadas são também comuns em diversas paróquias através de pastorais. Podemos citar, como exemplo, as pastorais carcerárias, que organizam visitas aos presos, levando-lhes a Palavra de Deus e os sacramentos. Nesse aspecto, também lembramos do Papa Francisco, que costumava, desde os tempos de arcebispo de Buenos Aires, celebrar a missa da Quinta-feira Santa junto de grupos de presidiários. Há também as pastorais familiares, que buscam ajudar famílias desestruturadas; as pastorais da criança, que buscam cuidar da saúde das crianças em regiões onde existam menos informações sobre saúde ou condições materiais menos favoráveis. Várias dioceses e paróquias têm pastorais ou outras instituições e organizações que visam dar assistência às pessoas que se encontram, por exemplo, em situação de gravidez difícil.

Tudo o que citamos aqui são exemplos da atuação da Igreja em âmbito coletivo. Muitas pessoas sentem o chamado para trabalhar nessas ações pastorais, que são extremamente benéficas para a Igreja e para a sociedade. Entretanto, é bom lembrar que a atuação do fiel cristão, em busca pela promoção dos direitos humanos, começa na vida pessoal. Nesse sentido, começa-se a exercer os direitos da pessoa humana em casa, no âmbito familiar, vivendo o serviço e o amor ao próximo.

6.2 A Igreja e os direitos humanos no Brasil

A Igreja Católica apresenta um papel relevante na formação histórica da nação brasileira, encontrando-se presente já no começo das expedições marítimas portuguesas que aportaram na costa do continente americano. Visando à evangelização das populações ameríndias, os religiosos franciscanos e jesuítas construíram aldeamentos para reunir as populações indígenas cristianizadas. Entretanto, a evangelização praticada entre esses povos não se restringiu aos aspectos religiosos, mas abrangeu todo o ideal de formação cristã integral da pessoa humana, especialmente no caso dos aldeamentos jesuítas.

A educação dada pelos jesuítas incluía catequese, gramática na língua indígena e na língua portuguesa, técnicas agrícolas e pecuárias, ofícios manuais, música, entre outros conteúdos. Também lembramos o que já foi mencionado no Capítulo 2, sobre a questão da exploração dos indígenas: os jesuítas foram, no Brasil, os grandes adversários da escravidão e da servidão praticada contra os ameríndios, o que lhes rendeu a inimizade dos bandeirantes paulistas e de vários colonizadores portugueses e luso-brasileiros (Lima, 2001; Carvalho, 1994).

Recordamos, também, as ações da Igreja Católica no Brasil em favor da mitigação da exploração cometida contra as populações africanas escravizadas. Sem poder efetivo para banir a prática das colônias portuguesas, vários clérigos e religiosos se esforçaram por pregar ao menos um trato mais humano aos homens e mulheres escravizados, exortando para que se lhes dessem alimentos e vestuário dignos, além de garantir-lhes o descanso e a liberdade de contraírem matrimônio. A Igreja também condenava a separação das famílias, efetuadas nas vendas de escravos. Várias dessas disposições foram registradas de forma oficial como determinações da Igreja no Brasil, por meio das Constituições Primeiras do Arcebispado da Bahia (Vide, 1853), publicadas inicialmente no século XVIII. Quando surgiu o movimento abolicionista no século XIX, vários cristãos tomaram parte dele.

Outro momento importante foi no século XX, quando vários clérigos, religiosos e leigos católicos buscaram defender as pessoas perseguidas pelo regime militar. Embora muitas dessas pessoas defendessem ideologias e projetos políticos contrários à doutrina da Igreja, esses homens e mulheres que mencionamos buscaram ajudar os perseguidos, levando em conta que eles eram também pessoas humanas, com direitos e dignidade intrínsecas a sua natureza.

Atualmente, além do combate à pobreza e à violência, tão fortes no Brasil, a Igreja também luta pela defesa da vida humana, do matrimônio e da família, de forma semelhante ao que acontece em outros países ocidentais nos quais se busca promover o aborto e a relativização da instituição matrimonial e familiar como supostos novos direitos do ser humano.

6.3 Diretrizes para a prática teológica em prol dos direitos humanos

Como já mencionamos no Capítulo 4, a teologia cristã fundamenta os direitos humanos em Deus e na lei natural. O ser humano é visto pela teologia como um ser de especial dignidade, por ser sido criado à imagem e semelhança de Deus. Conscientizar-se de que a pessoa humana tem um valor incalculável, por ser criada à imagem de Deus e redimida pelo sangue de Cristo, é o primeiro passo para uma teologia em prol dos direitos humanos, conforme afirma o Pontifício Conselho "Justiça e Paz", no *Compêndio da Doutrina Social da Igreja* (Pontifício Conselho "Justiça e Paz", 2004). Também fazem parte da natureza do homem a sociabilidade e a solidariedade. A Revelação mostra, em seu relato da Criação, Deus fazendo uma companheira para Adão, ordenando-lhes a fecundidade e o domínio da terra. Portanto, em sentido teológico, os direitos da pessoa humana não surgem de uma lógica individualista, mas de outra, relacional, pois toda pessoa tem o mesmo valor intrínseco aos olhos de Deus e todos são chamados a viver a comunhão entre si e com Ele, em uma culminação escatológica.

O segundo aspecto da prática cristã em prol dos direitos humanos é conscientizarmo-nos acerca do pecado e seus efeitos na natureza humana. Não devemos transpor a responsabilidade dos males que afligem o homem somente nas estruturas externas, no contexto histórico, nos sistemas político, econômico ou social. Embora a Igreja admita a existência de pecados sociais e estruturas de pecado que atentam contra o bem comum ou a totalidade do gênero humano, ela os considera como consequências dos pecados pessoais, nos parágrafos 115 a 119 do *Compêndio de Doutrina Social da Igreja* (Pontifício Conselho "Justiça e Paz", 2004).

O *Compêndio de Doutrina Social da Igreja* lembra, contudo, em seu parágrafo 120, que a consideração do pecado não deve conduzir a uma espécie de pessimismo antropológico, pois o cristão deve contar também com a graça de Deus:

> 120. **A doutrina do pecado original, que ensina a universalidade do pecado, tem uma importância fundamental**: "Se dizemos que não temos pecado, enganamo-nos a nós mesmos, e a verdade não está em nós" (1*Jo* 1,8). Esta doutrina induz o homem a não permanecer na culpa e a não tomá-la com leviandade, buscando continuamente bodes expiatórios nos outros homens e justificações no ambiente, na hereditariedade, nas instituições, nas estruturas e nas relações. Trata-se de um ensinamento que desmascara tais engodos.
>
> **A doutrina da universalidade do pecado, todavia, não deve ser desligada da consciência da universalidade da salvação em Jesus Cristo**. Se dela isolada, gera uma falsa angústia do pecado e uma consideração pessimista do mundo e da vida, que induz a desprezar as realizações culturais e civis dos homens. (Pontifício Conselho "Justiça e Paz", 2004, grifo do original)

Como terceiro ponto, a teologia cristã sobre o pecado e a graça deve também animar o cristão a lutar pela dignidade humana dos criminosos, confiando na possibilidade de sua conversão. Podemos lembrar do exemplo de São Paulo, grande perseguidor da Igreja convertido em incansável apóstolo de Cristo. Esses pontos são importantes, pois nas acaloradas discussões sobre direitos humanos, frequentemente podemos cair em dois extremismos: ou consideramos o criminoso como vítima de uma sociedade injusta, tirando-lhe praticamente a responsabilidade pelo delito e exigindo-lhe direitos, como se não houvesse deveres em contrapartida; ou consideramos o criminoso como alguém certamente irrecuperável e destituído de toda dignidade.

O quarto ponto é considerar a pessoa humana como um todo, como ser espiritual e material (corpo e alma formam a unidade da pessoa). Nesse caso, também são comuns os extremismos: alguns rejeitam os pronunciamentos da Igreja em matéria mais social, alegando que a missão da instituição se dirige unicamente às almas, enquanto outros consideram a dimensão espiritual alienadora, preocupando-se somente com a vida terrena, como afirma o *Compêndio de Doutrina Social da Igreja* nos parágrafos 127 a 129 (Pontifício Conselho "Justiça e Paz", 2004). De fato, a promessa da Vida Eterna é condicionada a uma vida pautada na fé sobrenatural, porém também nas boas obras. Os escritos do Novo Testamento recordam, frequentemente, a unidade entre o amor a Deus e ao próximo, o que, naturalmente, implica agirmos de forma a auxiliar os demais homens também em suas necessidades materiais, ao mesmo tempo que buscamos dar testemunho do Evangelho.

O quinto ponto é estarmos abertos à transcendência. Devemos recordar que o ser humano não foi criado somente para a vida terrena, que é finita, mas para estar unido ao amor de Deus, que culmina na bem-aventurança celeste. Essa dimensão transcendente leva também o ser humano a buscar relacionar-se com seu semelhante e não viver somente para si.

O último ponto é considerarmos que a mudança parte da iniciativa pessoal humana. As ideologias cometeram grandes excessos contra a humanidade e falharam em seus sonhos de paraísos terrestres, porque acreditavam que poderiam mudar o ser humano mudando as estruturas políticas, econômicas e sociais. A sociedade não pode tornar-se melhor se as pessoas que a compõem não buscarem ser melhores em consciência e obras. Assim assevera o *Compêndio de Doutrina Social da Igreja*:

> 134. **As autênticas transformações sociais são efetivas e duradouras somente se fundadas sobre mudanças decididas da conduta pessoal**. Nunca será possível uma autêntica moralização da vida social, senão a partir das pessoas e em referência a elas: efetivamente: "o exercício da vida moral atesta a dignidade da pessoa". [...] Às pessoas cabe evidentemente o desenvolvimento daquelas atitudes morais fundamentais em toda a convivência que se queira dizer verdadeiramente humana (justiça, honestidade, veracidade etc.), que de modo algum poderá ser simplesmente esperada dos outros ou delegada às instituições. A todos, e de modo particular àqueles que de qualquer modo detêm responsabilidades políticas, jurídicas ou profissionais em relação aos outros, incumbe o dever de ser consciência vígil da sociedade e, eles mesmos por primeiro, ser testemunhas de uma convivência civil e digna do homem[2]. (Pontifício Conselho "Justiça e Paz", 2004, grifo do original)

Para uma teologia cristã acerca dos direitos humanos, é necessária a comunhão com os ensinamentos da Igreja. Se pautamos nossa defesa desses direitos dentro da ótica cristã, devemos fazê-lo com lógica e coerência interna em nossos argumentos, entre nosso pensar e nosso agir. Para isso, é preciso que busquemos conhecer os pronunciamentos da Igreja acerca dos vários temas que hoje ameaçam a dignidade da pessoa humana, bem como as diretrizes dessa instituição com relação ao nosso agir.

2 Neste trecho, foram omitidas apenas as remissões a notas do original.

Como já dissemos anteriormente, a Igreja não estabelece uma lista fechada de como podemos atuar em favor dos direitos humanos, mas nos dá um norte, por meio das obras de misericórdia. A Igreja, em geral, estabelece somente os limites morais, mas cabe à iniciativa de cada indivíduo pensar e colocar em prática as soluções concretas para cada situação em particular. As diretrizes mais específicas encontram-se no campo da participação política, onde a Igreja orienta os fiéis a que não se filiem ou colaborem com partidos políticos e instituições que sejam favoráveis ao aborto, à eutanásia ou outras práticas que sejam contrárias ao Evangelho:

> 3. [...] Não cabe à Igreja formular soluções concretas – e muito menos soluções únicas – para questões temporais, que Deus deixou ao juízo livre e responsável de cada um, embora seja seu direito e dever pronunciar juízos morais sobre realidades temporais, quando a fé ou a lei moral o exijam [...]. Se o cristão é obrigado a "admitir a legítima multiplicidade e diversidade das opções temporais" [...], é igualmente chamado a discordar de uma concepção do pluralismo em chave de relativismo moral, nociva à própria vida democrática, que tem necessidade de bases verdadeiras e sólidas, ou seja, de princípios éticos que, por sua natureza e função de fundamento da vida social, não são "negociáveis".
>
> No plano da militância política concreta, há que ter presente que o caráter contingente de algumas escolhas em matéria social, o fato de muitas vezes serem moralmente possíveis diversas estratégias para realizar ou garantir um mesmo valor substancial de fundo, a possibilidade de interpretar de maneira diferente alguns princípios basilares da teoria política, bem como a complexidade técnica de grande parte dos problemas políticos, explicam o fato de geralmente poder dar-se uma pluralidade de partidos, dentro dos quais os católicos podem escolher a sua militância para exercer – sobretudo através da representação parlamentar – o seu direito-dever na construção da vida civil do seu País [...]. Tal constatação óbvia

não pode todavia confundir-se com um indistinto pluralismo na escolha dos princípios morais e dos valores substanciais, a que se faz referência. A legítima pluralidade de opções temporais mantém íntegra a matriz donde promana o empenho dos católicos na política, e esta matriz liga-se diretamente à doutrina moral e social cristã. É com um tal ensinamento que os leigos católicos têm de confrontar-se constantemente para poder ter a certeza que a própria participação na vida política é pautada por uma coerente responsabilidade para com as realidades temporais.[3] (Congregação para a Doutrina da Fé, 2002)

Como observamos, a Igreja vê os direitos humanos como uma questão essencial de sua doutrina, mas admite que alguns problemas da sociedade humana possam ter mais de uma solução legítima e moral, aceitando que, nesses aspectos, haja uma sadia pluralidade entre os fiéis.

A caridade não se resume às ações diretas mais assistenciais. Ao trabalharmos bem em nossos afazeres profissionais, também contribuímos para o crescimento da sociedade e para que mais pessoas possam ter acesso a determinados bens ou serviços. Nesse sentido, também promovemos os direitos humanos quando buscamos cumprir bem nossos deveres profissionais e familiares, quando buscamos nos relacionar bem na vizinhança e nos ambientes sociais, quando buscamos soluções para os problemas por meio do diálogo. O Concílio Vaticano II recordou o papel dos leigos na santificação das realidades temporais, no parágrafo 31 da constituição dogmática *Lumen Gentium*:

> 31. [...] É própria e peculiar dos leigos a característica secular. Com efeito, os membros da sagrada Ordem, ainda que algumas vezes possam tratar de assuntos seculares, exercendo mesmo uma profissão profana, contudo, em razão da sua vocação específica, destinam-se sobretudo e expressamente ao sagrado ministério; enquanto que os religiosos, no seu estado, dão magnífico e privilegiado testemunho de que se não pode transfigurar o

3 Neste trecho, foram omitidas apenas as remissões a notas do original.

> mundo e oferecê-lo a Deus sem o espírito das bem-aventuranças. Por vocação própria, compete aos leigos procurar o Reino de Deus tratando das realidades temporais e ordenando-as segundo Deus. Vivem no mundo, isto é, em toda e qualquer ocupação e atividade terrena, e nas condições ordinárias da vida familiar e social, com as quais é como que tecida a sua existência. São chamados por Deus para que, aí, exercendo o seu próprio ofício, guiados pelo espírito evangélico, concorram para a santificação do mundo a partir de dentro, como o fermento, e deste modo manifestem Cristo aos outros, antes de mais pelo testemunho da própria vida, pela irradiação da sua fé, esperança e caridade. Portanto, a eles compete especialmente, iluminar e ordenar de tal modo as realidades temporais, a que estão estreitamente ligados, que elas sejam sempre feitas segundo Cristo e progridam e glorifiquem o Criador e Redentor. (Concílio Vaticano II, 1964)

Nesse sentido, devem os fiéis leigos também tomar iniciativa, não dependendo do clero para aquilo que for próprio de sua atuação. A garantia dos direitos humanos, nos diversos ambientes da sociedade humana, só será possível se os leigos estiverem engajados e comprometidos com essa tarefa dentro de seus contextos profissionais, familiares, acadêmicos e sociais específicos.

Viver a fraternidade em nossas paróquias e nas demais realidades cotidianas que nos cercam pode ser um bom sinal de testemunho cristão em favor dos direitos humanos para o mundo de hoje, carente de referenciais claros e universais.

Síntese

Neste último capítulo, procuramos exemplificar um pouco mais a respeito da dimensão prática da relação da teologia católica com a promoção dos direitos humanos. Demonstramos que a Igreja apresenta várias iniciativas em favor dos direitos da pessoa, embora sua missão primordial seja espiritual.

Também afirmamos que, para uma prática teológica em favor dos direitos humanos, não podemos esquecer da pessoa humana como imagem de Deus, das consequências do pecado, do poder da graça. Isso evita que fechemos as portas para as pessoas e ainda nos ajuda a ter esperança, confiando na misericórdia de Deus.

Embora os direitos humanos sejam um consenso para a Igreja, pode haver mais de uma solução prática para a melhoria desses direitos. Nesses casos, os fiéis têm o direito de cultivar uma legítima e sadia pluralidade de ideias, até porque o debate pode enriquecer as percepções e promover soluções para os referidos problemas. Assim, percebemos que compete especialmente aos fiéis leigos a santificação das realidades temporais. Nesse processo, inclui-se o dever de garantir os direitos humanos na prática, nos diversos âmbitos do convívio e da atuação social.

Atividades de autoavaliação

1. Sobre a atuação da Igreja em favor dos direitos humanos, assinale a afirmativa correta:
   a) A missão da Igreja é construir uma sociedade perfeita na terra.
   b) A Igreja coloca toda a responsabilidade pela promoção dos direitos humanos nas autoridades políticas.
   c) A ação da Igreja na melhoria do respeito à dignidade humana é consequência da aplicação prática das obras de misericórdia.
   d) A Igreja fez poucas obras em favor da dignidade humana.

2. No que se refere a sua relação com os direitos humanos no Brasil, a Igreja no Brasil:
   a) só se preocupou com os direitos humanos durante a época do regime militar.
   b) só se preocupou com os direitos humanos dos fiéis cristãos.

c) já dava mostras de preocupação com a dignidade humana nos tempos da colonização, nas ações para combater a exploração indígena e mitigar os sofrimentos dos africanos escravizados.
d) luta atualmente somente pelas causas ambientais.

3. Sobre as diretrizes da Igreja acerca dos direitos humanos, é correto afirmar que:
   a) são extensas e complexas.
   b) se resumem aos atenuantes morais.
   c) permitem liberdade de opinião dos fiéis em assuntos morais.
   d) vetam a participação política dos fiéis.

4. Sobre a influência do pecado nas questões sociais, assinale a afirmativa **incorreta**:
   a) O pecado é sempre pessoal, sem interferência externa.
   b) O pecado traz consequências danosas para a sociedade, mas a graça também pode reverter o pecado por meio de influência benéfica.
   c) A existência de pecados sociais não justifica nem exime da culpa pessoal.
   d) Não é possível mudar as estruturas sociais sem mudanças na mentalidade e no comportamento do homem.

5. Sobre a atuação cristã em favor dos direitos humanos, é correto dizer que:
   a) será sempre comunitária.
   b) depende do clero.
   c) compete, principalmente, aos leigos desenvolver soluções concretas.
   d) é impossível no ambiente de trabalho e nas relações cotidianas.

Atividades de aprendizagem

Questões para reflexão

1. De que maneira o trabalho profissional pode contribuir para a problemática dos direitos humanos? Justifique e exemplifique.

2. De que maneira o relacionamento familiar pode contribuir para a problemática dos direitos humanos? Justifique e exemplifique.

Atividades aplicadas: prática

1. Pesquise se sua paróquia tem alguma ação voltada, de forma mais direta, para a promoção dos direitos humanos.

2. Procure descobrir quais são os direitos humanos mais ameaçados em seu bairro e indique como a atuação pessoal e das famílias pode ajudar a remediar essa situação. Identifique os pontos fortes e aponte possíveis melhorias para essa atuação paroquial.

Considerações finais

A história dos direitos humanos não ocorreu em progresso linear, mas pelo desenrolar de uma série de acontecimentos em luta contínua, com altos e baixos, com acertos e falhas. No Capítulo 1, construímos uma noção básica dos principais conceitos para a formulação da ideia de direitos humanos, além de, mais adiante, fornecermos uma visão histórico-crítica, dada pelos acontecimentos apontados no Capítulo 2. Nesse breve histórico, procuramos demonstrar como o desenvolvimento e o amadurecimento da noção de *direitos humanos* foram marcados por uma série de embates, práticos e teóricos, em defesa de pessoas que sofriam situações de opressão e injustiças. Comentamos também que uma série de interesses políticos, econômicos e divergências culturais impedem que os direitos da pessoa formem no mundo de hoje um consenso quanto a seus fundamentos e aplicação prática.

No Capítulo 3, tratamos das categorizações dos direitos humanos em seus diferentes âmbitos: civil, político, social, econômico, cultural, ambiental. Também definimos que essa classificação visa auxiliar no entendimento e na aplicação desses direitos, mas que, na verdade, esses direitos devem ser considerados em conjunto, haja vista que partem de uma concepção integral do ser humano, que não pode ser considerado somente em suas necessidades materiais ou de outro tipo, mas em sua vida plena, em todos os aspectos.

No Capítulo 4, demonstramos que a defesa e a promoção cristãs dos direitos humanos estão pautadas em uma concepção integral da pessoa humana na condição de criatura de Deus, corrompida pelo pecado e remida pela graça de Jesus Cristo, chamada a ser imagem mais perfeita de Deus por meio da imitação de Jesus. A teologia cristã vê o ser humano como um todo, na condição de imagem de Deus, chamado à comunhão plena com seu Criador e Redentor na Vida Eterna. Dessa forma, fundamentamos a igualdade natural de todos os seres humanos, não restringindo a definição do ser humano a apenas alguns atributos isolados, o que poderia relativizar a vida de pessoas que nasceram com alguma carência, contrariando a visão cristã de que toda vida humana tem igual dignidade.

Nos Capítulos 5 e 6, fizemos um breve panorama das questões mais atuais de direitos humanos e das formas teóricas e práticas por meio das quais a Igreja Católica lida com essas problemáticas. Também esclarecemos como a missão dos fiéis leigos se torna bastante relevante, no contexto de promoção e defesa dos direitos do homem. A transformação da sociedade em direção a um parâmetro mais humano, cristão e solidário não se dará apenas por meio de leis, regras e estamentos burocráticos, mas também pela mudança de vida pessoal de cada indivíduo, pelo exemplo e pelas palavras, em coerência com o Evangelho. Com as concepções teológicas como base, devemos evitar uma mentalidade utópica, ou seja, aquela que ignora a possibilidade de escolhas deliberadamente más por parte de algumas pessoas; ou ainda pessimista, quer dizer, aquela que desconsidera a capacidade de transformação do ser humano com o auxílio da graça divina.

Esperamos que, especialmente com a leitura dos documentos da Igreja indicados e com as reflexões provocadas pelas questões abertas e discursivas, possamos ter contribuído para, unidos à Cristo e à Igreja, promovermos em nosso entorno uma convivência mais humana e mais fraterna.

Referências

A SANTA SÉ. **Frederico Ozanam (1813-1853)**. Disponível em: <http://www.vatican.va/news_services/liturgy/saints/ns_lit_doc_19970822_ozanam_po.html>. Acesso em: 9 mar. 2018.

ABBAGNANO, N. **Dicionário de filosofia**. Tradução de Alfredo Bosi e Ivone Castilho Benedetti. 5. ed. São Paulo: M. Fontes, 2007.

AGUILÓ, A. **Luzes e sombras na Igreja**: pontos discutidos sobre a história e a vida da Igreja. São Paulo: Quadrante, 2011.

ALBERIGO, G. **Breve história do Concilio Vaticano II**. Aparecida: Santuário, 2013.

ANGOLD, M. **Bizâncio**: a ponte da Antiguidade para a Idade Média. Rio de Janeiro: Imago, 2002.

BARBOSA, E. S. O conceito de homem, pessoa e ser humano sob as perspectivas da antropologia filosófica e do direito. Âmbito Jurídico. Disponível em: <http://www.ambito-juridico.com.br/site/index.php?n_link=revista_artigos_leitura&artigo_id=9837>. Acesso em: 9 mar. 2018.

BASTOS, L. M. Platão e a formação humana n'A República. **Reflexão e Ação**, Santa Cruz do Sul, v. 21, n. 1, p. 295-303, jan./jun. 2013. Disponível em: <https://online.unisc.br/seer/index.php/reflex/article/view/3747>. Acesso em: 9 mar. 2018.

BENTO XVI, Papa. **Carta encíclica Caritas in Veritate**: sobre o desenvolvimento humano integral na caridade e na verdade. Roma, 29 jun. 2009. Disponível em: <http://w2.vatican.va/content/benedict-xvi/pt/encyclicals/documents/hf_ben-xvi_enc_20090629_caritas-in-veritate.html>. Acesso em: 9 mar. 2018.

BENTO XVI, Papa. **Discurso do Papa Bento XVI aos participantes no congresso promovido pelo Partido Popular Europeu.** 30 mar. 2006. Disponível em: <https://w2.vatican.va/content/benedict-xvi/pt/speeches/2006/march/documents/hf_ben-xvi_spe_20060330_eu-parliamentarians.html>. Acesso em: 9 mar. 2018.

BENTO XVI, Papa. **Mensagem de Sua Santidade Bento XVI para a celebração do XLIV Dia Mundial da Paz.** 1º jan. 2011. Disponível em: <http://w2.vatican.va/content/benedict-xvi/pt/messages/peace/documents/hf_ben-xvi_mes_20101208_xliv-world-day-peace.html>. Acesso em: 9 mar. 2018

BETTENCOURT, E. Liberdade religiosa é indiferentismo? **Pergunte e Responderemos**, n. 516, jun. 2005. Disponível em: <http://www.pr.gonet.biz/index-read.php?num=106>. Acesso em: 9 mar. 2018.

BÍBLIA. Português. **Bíblia Sagrada**: edição de estudos. 7. ed. São Paulo: Ave Maria, 2011.

BOBBIO, N.; MATTEUCCI, N.; PASQUINO, G. **Dicionário de política**. Tradução de Carmen C. Varriale et al. Brasília: Ed. da UnB, 1998. v. 1.

BRASIL. Decreto n. 591, de 6 de julho de 1992. **Diário Oficial da União**, Poder Executivo, Brasília, DF, 7 jul. 1992a. Disponível em: <http://www.planalto.gov.br/ccivil_03/decreto/1990-1994/d0591.htm>. Acesso em: 9 mar. 2018.

BRASIL. Decreto n. 592, de 6 de julho de 1992. **Diário Oficial da União**, Poder Executivo, Brasília, DF, 7 jul. 1992b. Disponível em: <http://www.planalto.gov.br/ccivil_03/decreto/1990-1994/d0592.htm>. Acesso em: 9 mar. 2018.

BRASIL. Senado Federal. **Fatos que influenciaram a criação da OIT e dados sobre decisões da entidade.** Disponível em: <http://www.senado.gov.br/noticias/agencia/quadros/qd_030.html>. Acesso em: 9 mar. 2018.

CALDEIRA, R. C. A Igreja Católica e a evolução de sua compreensão em torno dos direitos humanos. In: CONGRESSO DA ANPTECRE – ASSOCIAÇÃO NACIONAL DE PÓS GRADUAÇÃO E PESQUISA EM TEOLOGIA E CIÊNCIAS DA RELIGIÃO, 5., 2015, Curitiba. **Anais**... Curitiba: PUCPR, 2015. Disponível em: <http://www2.pucpr.br/reol/pb/index.php/5anptecre?dd1=15578&dd99=view&dd98=pb>. Acesso em: 9 mar. 2018.

CAMPOS NETO, A. A. M. de. O hinduísmo, o direito hindu, o direito indiano. **Revista da Faculdade de Direito da Universidade de São Paulo**, São Paulo, v. 104, p. 71-111, jan./dez. 2009. Disponível em: <https://www.revistas.usp.br/rfdusp/article/view/67850>. Acesso em: 9 mar. 2018.

CARVALHO, J. G. V. de. **Temas de história da Igreja no Brasil**. Viçosa: Folha de Viçosa, 1994.

CIC – CATECISMO DA IGREJA CATÓLICA. Vaticano, 1992. Disponível em: <http://www.vatican.va/archive/cathechism_po/index_new/prima-pagina-cic_po.html>. Acesso em: 9 mar. 2018.

COELHO, R. A. Para uma correta compreensão de homem, composto de corpo, alma e espírito. **Revista Eletrônica Espaço Teológico**, v. 10, n. 17, p. 84-93, jan./jun. 2016. Disponível em: <https://revistas.pucsp.br/index.php/reveleteo/article/viewFile/28584/20076>. Acesso em: 9 mar. 2018.

COMISIÓN TEOLÓGICA INTERNACIONAL. **Dignidad y derechos de la persona humana**. 1983. Disponível em: <http://www.vatican.va/roman_curia/congregations/cfaith/cti_documents/rc_cti_1983_dignita-diritti_sp.html>. Acesso em: 9 mar. 2018.

COMISSÃO TEOLÓGICA INTERNACIONAL. **Comunhão e serviço**: a pessoa humana criada à imagem de Deus. 23 jul. 2004. Disponível em: <http://www.vatican.va/roman_curia/congregations/cfaith/cti_documents/rc_con_cfaith_doc_20040723_communion-stewardship_po.html>. Acesso em: 9 mar. 2018.

COMISSÃO TEOLÓGICA INTERNACIONAL. **Em busca de uma ética universal**: novo olhar sobre a lei natural. 20 maio 2009. Disponível em: <http://www.vatican.va/roman_curia/congregations/cfaith/cti_documents/rc_con_cfaith_doc_20090520_legge-naturale_po.html>. Acesso em: 9 mar. 2018.

COMPARATO, F. K. Ética: direito, moral e religião no mundo moderno. São Paulo: Companhia das Letras, 2006.

CONCÍLIO VATICANO II. **Constituição dogmática Lumen Gentium**: sobre a Igreja. Roma, 21 nov. 1964. Disponível em: <http://www.vatican.va/archive/hist_councils/ii_vatican_council/documents/vat-ii_const_19641121_lumen-gentium_po.html>. Acesso em: 9 mar. 2018.

CONCÍLIO VATICANO II. **Constituição pastoral Gaudium et Spes**: sobre a Igreja no mundo actual. Roma, 7 dez. 1965a. Disponível em: <http://www.vatican.va/archive/hist_councils/ii_vatican_council/documents/vat-ii_const_19651207_gaudium-et-spes_po.html>. Acesso em: 9 mar. 2018.

CONCÍLIO VATICANO II. **Declaração Dignitatis Humanae**: sobre a liberdade religiosa. Roma, 7 dez. 1965b. Disponível em: <http://www.vatican.va/archive/hist_councils/ii_vatican_council/documents/vat-ii_decl_19651207_dignitatis-humanae_po.html>. Acesso em: 9 mar. 2018.

CONCÍLIO VATICANO II. **Declaração Gravissimum Educationis**: sobre a educação cristã. Roma, 28 out. 1965c. Disponível em: <http://www.vatican.va/archive/hist_councils/ii_vatican_council/documents/vat-ii_decl_19651028_gravissimum-educationis_po.html>. Acesso em: 9 mar. 2018.

CONGREGAÇÃO PARA A DOUTRINA DA FÉ. **Nota doutrinal sobre algumas questões relativas à participação e comportamento dos católicos na vida política**. Roma, 24 nov. 2002. Disponível em: <http://www.vatican.va/roman_curia/congregations/cfaith/documents/rc_con_cfaith_doc_20021124_politica_po.html>. Acesso em: 9 mar. 2018.

CONSELHO PONTIFÍCIO PARA A FAMÍLIA. **Sexualidade humana**: verdade e significado – orientações educativas em família. 8 dez. 1995. Disponível em: <http://www.vatican.va/roman_curia/pontifical_councils/family/documents/

rc_pc_family_doc_08121995_human-sexuality_po.html>. Acesso em: 8 mar. 2018.

COSTA, R. da. Arte e história: a gênese da concepção monárquica no Ocidente cristão (sécs. IV-VI). In: ENCONTRO MONÁRQUICO, 22., 2012, Rio de Janeiro. **Anais**... Disponível em: <http://www.ricardocosta.com/artigo/genese-da-monarquia-no-ocidente>. Acesso em: 9 mar. 2018.

DANELI, V. E. E. Sobre a natureza humana: diferentes visões. **Secretariado Executivo em Revist@**, Passo Fundo, v. 1, 2005. Disponível em: <http://seer.upf.br/index.php/ser/article/view/1736/1146>. Acesso em: 9 mar. 2018.

DELUMEAU, J. **A civilização do Renascimento**. Lisboa: Edições 70, 2011. (Coleção Lugar da História).

DELUMEAU, J. **Nascimento e afirmação da Reforma**. Tradução de João Pedro Mendes. São Paulo: Pioneira, 1989. (Coleção Nova Clio: A História e seus Problemas).

DENZINGER, H. **Compêndio dos símbolos, definições e declarações de fé e moral**. Tradução de José Marino e Johan Konings. São Paulo: Paulinas; Loyola, 2007.

DOIG K., G. **Direitos humanos e ensinamento social da Igreja**. São Paulo: Loyola, 1994.

FAGÚNDEZ, P. R. Á. **O significado da modernidade**. Disponível em: <http://tjsc25.tjsc.jus.br/academia/arquivos/significado_modernidade_paulo_fagundez.pdf>. Acesso em: 9 mar. 2018.

FAVIER, J. **Carlos Magno**. São Paulo: Estação Liberdade, 2004.

FERREIRA, J. A. A corporeidade em 1 Coríntios: o embate entre as culturas semítica e helênica. **Interações: Cultura e Comunidade**, Belo Horizonte, v. 3, n. 3, p. 45-59, 2008. Disponível em: <http://periodicos.pucminas.br/index.php/interacoes/article/viewFile/6721/6148>. Acesso em: 9 mar. 2018.

FRANCISCO, Papa. **Carta encíclica Laudato Si'**: sobre o cuidado com a casa comum. Roma, 24 maio 2015. Disponível em: <http://w2.vatican.va/content/francesco/pt/encyclicals/documents/papa-francesco_20150524_enciclica-laudato-si.html>. Acesso em: 9 mar. 2018.

FRANCISCO, Papa. **Discurso do Santo Padre Francisco por ocasião do encontro com o Corpo Diplomático acreditado junto da Santa Sé.** 9 jan. 2017. Disponível em: <http://w2.vatican.va/content/francesco/pt/speeches/2017/january/documents/papa-francesco_20170109_corpo-diplomatico.html>. Acesso em: 9 mar. 2018.

FREIRE, G. Chesterton e o distributivismo. **IFE – Instituto de Formação e Educação,** Política e Sociologia, 31 ago. 2015. Disponível em: <http://ife.org.br/chesterton-e-o-distributivismo-por-guilherme-freire/>. Acesso em: 9 mar. 2018.

GONZAGA, J. B. **A Inquisição em seu mundo.** 4. ed. São Paulo: Saraiva, 1993.

GUERRA FILHO, W. S. (Coord.). **Dos direitos humanos aos direitos fundamentais.** Porto Alegre: Livraria do Advogado, 1997.

HESPANHA, A. M.; SUBTIL, J. M. Corporativismo e Estado de polícia como modelos de governo nas sociedades euro-americanas do Antigo Regime. In: FRAGOSO, J. L. R.; GOUVÊA, M. de F. (Org.). **O Brasil Colonial:** (ca. 1443-ca. 1580). Rio de Janeiro: Civilização Brasileira, 2014. p. 127-166. v. 1.

HOBSBAWM, E. J. **A era dos extremos:** o breve século XX – 1914-1991. Tradução de Marcos Santarrita. São Paulo: Companhia das Letras, 1995.

HOBSBAWM, E. J. **Nações e nacionalismos desde 1780:** programa, mito e realidade. Rio de Janeiro: Paz e Terra, 1990.

HÖFFNER, J. **Doutrina social cristã.** São Paulo: Loyola, 1986.

JOÃO PAULO II, Papa. **Carta encíclica Evangelium Vitae:** sobre o valor e a inviolabilidade da vida humana. Roma, 25 mar. 1995. Disponível em: <http://w2.vatican.va/content/john-paul-ii/pt/encyclicals/documents/hf_jp-ii_enc_25031995_evangelium-vitae.pdf>. Acesso em: 9 mar. 2018.

JOÃO PAULO II, Papa. **Exortação apostólica Familiaris Consortio:** sobre a função da família cristã no mundo de hoje. Roma, 22 nov. 1981. Disponível em: <http://w2.vatican.va/content/john-paul-ii/pt/apost_exhortations/documents/hf_jp-ii_exh_19811122_familiaris-consortio.html>. Acesso em: 9 mar. 2018.

JOÃO PAULO II, Papa. **Homilia do Papa João Paulo II aos jovens de Belo Horizonte.** Belo Horizonte, 1º jul. 1980. Disponível em: <http://w2.vatican.va/

content/john-paul-ii/pt/homilies/1980/documents/hf_jp-ii_hom_19800701_youth-brazil.html>. Acesso em: 9 mar. 2018.

JOÃO PAULO II, Papa. **Mensagem de Sua Santidade João Paulo II para a celebração do XXI Dia Mundial da Paz**. Vaticano, 8 dez. 1987. Disponível em: <http://w2.vatican.va/content/john-paul-ii/pt/messages/peace/documents/hf_jp-ii_mes_19871208_xxi-world-day-for-peace.html>. Acesso em: 9 mar. 2018.

JOÃO XXIII, Papa. **Carta encíclica Pacem in Terris**: a paz de todos os povos na base da verdade, justiça, caridade e liberdade. Roma, 11 abr. 1963. Disponível em: <http://w2.vatican.va/content/john-xxiii/pt/encyclicals/documents/hf_j-xxiii_enc_11041963_pacem.html>. Acesso em: 9 mar. 2018.

LANDSCHECK, L. M. Direitos humanos: um direito em formação. In: RAMPAZZO, L.; SILVA, P. C. da (Org.). **Questões atuais de direito, ética e ecologia**. Campinas: Alínea, 2007. p. 101-131.

LEÃO XIII, Papa. **Carta encíclica Rerum Novarum**: sobre a condição dos operários. Roma, 15 maio 1891. Disponível em: <http://w2.vatican.va/content/leo-xiii/pt/encyclicals/documents/hf_l-xiii_enc_15051891_rerum-novarum.html>. Acesso em: 9 mar. 2018.

LEÃO XIII, Papa. **Tametsi Futura Prospicientibus**. Roma, 1. nov. 1900. Disponível em: <http://w2.vatican.va/content/leo-xiii/en/encyclicals/documents/hf_l-xiii_enc_01111900_tametsi-futura-prospicientibus.html>. Acesso em: 9 mar. 2018.

LEITÃO, A. R. A Organização Internacional do Trabalho (OIT): quase um século de ação em contextos históricos diversos. **Laboreal**, v. 12, n. 1, p. 103-111, jul. 2016. Disponível em: <http://laboreal.up.pt/files/articles/103_111.pdf>. Acesso em: 9 mar. 2018.

LEITE, G. Conceito de pessoa: na trajetória filosófica e jurídica. **Jus.com.br**, mar. 2016. Disponível em: <https://jus.com.br/artigos/47003/conceito-de-pessoa-na-trajetoria-filosofia-e-juridica/1>. Acesso em: 9 mar. 2018.

LENZENWEGER, J. et al. **História da Igreja Católica**. Tradução de Fredericus Stein. São Paulo: Loyola, 2006.

LIMA, M. C. de. **Breve história da Igreja no Brasil**. Rio de Janeiro: Restauro, 2001.

MAGNOLI, D. **Uma gota de sangue**: história do pensamento racial. São Paulo: Contexto, 2009.

MATHEWS, G. **Cultura global e identidade individual**: à procura de um lar no supermercado cultural. Tradução de Mário Mascherpe. Bauru: Edusc, 2002.

MOTTA, P. R. da; ROCHA JÚNIOR, A. Psicologia, religião e espiritualidade: considerações sobre a natureza humana e o sentido existencial. **Revista Educação**, Guarulhos, v. 6, n. 2, p. 88-105, 2011. Disponível em: <http://revistas.ung.br/index.php/educacao/article/view/928>. Acesso em: 9 mar. 2018.

OIT – Organização Internacional do Trabalho. **História da OIT**. Disponível em: <http://www.oitbrasil.org.br/content/hist%C3%B3ria>. Acesso em: 9 mar. 2018.

ONU – Organização das Nações Unidas. **Declaração sobre Meio Ambiente e Desenvolvimento**. Rio de Janeiro, 1992. Disponível em: <http://www.dhnet.org.br/direitos/sip/onu/bmestar/rio92.htm>. Acesso em: 9 mar. 2018.

ONU – Organização das Nações Unidas. **Declaração Universal dos Direitos Humanos**. 1948. Disponível em: <http://www.onu.org.br/img/2014/09/DUDH.pdf>. Acesso em: 9 mar. 2018.

PAULO VI, Papa. **Carta encíclica Populorum Progressio**: sobre o desenvolvimento dos povos. Roma, 26 mar. 1967. Disponível em: <http://w2.vatican.va/content/paul-vi/pt/encyclicals/documents/hf_p-vi_enc_26031967_populorum.html>. Acesso em: 9 mar. 2018.

PINHO, G. R. Bula Ad Extirpanda: tradução. **Jus Navigandi**, dez. 2014. Disponível em: <https://jus.com.br/artigos/34779/bula-ad-extirpanda-traducao>. Acesso em: 9 mar. 2018.

PIO XI, Papa. **Carta encíclica Divinis Redemptoris**: sobre o comunismo ateu. Roma, 19 mar. 1937a. Disponível em: <https://w2.vatican.va/content/pius-xi/pt/encyclicals/documents/hf_p-xi_enc_19370319_divini-redemptoris.html>. Acesso em: 9 mar. 2018.

PIO XI, Papa. **Mit Brennender Sorge**. Roma, 14 mar. 1937b. Disponível em: <http://w2.vatican.va/content/pius-xi/en/encyclicals/documents/hf_p-xi_enc_14031937_mit-brennender-sorge.html>. Acesso em: 9 mar. 2018. 3 mar. 2018.

PIO XI, Papa. **Ubi Arcano Dei Consilio**. Roma, 23 dec. 1922. Disponível em: <http://w2.vatican.va/content/pius-xi/en/encyclicals/documents/hf_p-xi_enc_19221223_ubi-arcano-dei-consilio.html>. Acesso em: 9 mar. 2018.

PIO XII, Papa. **Benignitas et Humanitas**. Roma, 24 dez. 1944. Disponível em: <http://w2.vatican.va/content/pius-xii/es/speeches/1944/documents/hf_p-xii_spe_19441224_natale.html>. Acesso em: 9 mar. 2018.

PIO XII, Papa. **Carta encíclica Summi Pontificatus**: sobre o ofício do pontificado. Roma, 20 out. 1939. Disponível em: <https://w2.vatican.va/content/pius-xii/pt/encyclicals/documents/hf_p-xii_enc_20101939_summi-pontificatus.html>. Acesso em: 9 mar. 2018.

PIO XII, Papa. **Con sempre nuova freschezza**: o santo Natal e a humanidade sofredora. Roma, 24 dez. 1942. Disponível em: <https://w2.vatican.va/content/pius-xii/pt/speeches/1942/documents/hf_p-xii_spe_19421224_radiomessage-christmas.html>. Acesso em: 9 mar. 2018.

PONTIFÍCIO CONSELHO "JUSTIÇA E PAZ". **Compêndio da Doutrina Social da Igreja**. 2004. Disponível em: <http://www.vatican.va/roman_curia/pontifical_councils/justpeace/documents/rc_pc_justpeace_doc_20060526_compendio-dott-soc_po.html#APRESENTA%C3%87%C3%83O>. Acesso em: 8 mar. 2018.

RAMPAZZO, L.; SILVA, P. C. da (Org.). **Questões atuais de direito, ética e ecologia**. Campinas: Alínea, 2007.

RATZINGER, J. **Carta "Dignidade para receber a Sagrada Comunhão: princípios gerais"**. 2004. Disponível em: <http://paroquiadapiedade.com.br/formacao/liturgica/carta-dignidade-para-receber-a-sagrada-comunhao-principios-gerais>. Acesso em: 9 mar. 2018.

RATZINGER, J. **Santa Missa "Pro Eligendo Romano Pontifice"**. Roma, 18 abr. 2005. Disponível em: <http://www.vatican.va/gpII/documents/homily-pro-eligendo-pontifice_20050418_po.html>. Acesso em: 9 mar. 2018.

RATZINGER, J. **Ser cristão na era neopagã**. Campinas: Ecclesiae, 2014. v. 1: Discursos e Homilias (1986-1999).

REALE, G.; ANTISERI, D. **História da filosofia**: filosofia pagã antiga. Tradução de Ivo Stomiolo. 3. ed. São Paulo: Paulus, 2003. v. 1.

REBOUÇAS, M. V. P.; PARENTE, A. F. G. A construção histórica do conceito de dignidade da pessoa humana. In: ENCONTRO NACIONAL DO CONPEDI/UNINOVE, 22., 2013, São Paulo. **Anais...** Florianópolis: Ed. Funjab, 2013. v. 1. p. 338-367.

ROBLES, G. Filosofía y teología de los derechos humanos. **Persona y Derecho**, Navarra (ES), n. 23, p. 291-294, 1990. Disponível em: <https://dadun.unav.edu/bitstream/10171/12732/1/PD_23_09.pdf>. Acesso em: 9 mar. 2018.

ROCCELLA, E.; SCARAFFIA, L. **Contra o cristianismo**: a ONU e a União Europeia como nova ideologia. Campinas: Ecclesiae, 2014.

RUCQUOI, A. **História medieval da Península Ibérica**. Lisboa: Estampa, 1995.

SANTOS, T. T. Sartre e a realidade humana: uma compreensão fenomenológica da existência do *para-si* enquanto liberdade. **Sapere Aude**, Belo Horizonte, v. 7, n. 12, p. 479-496, jan./jun. 2016. Disponível em: <http://periodicos.pucminas.br/index.php/SapereAude/article/view/P.2177-6342.2016v7n13p479/9977>. Acesso em: 29 mar. 2018.

SCARAFFIA, L. Os direitos humanos: realidade e utopia. In: ROCCELLA, E.; SCARAFFIA, L. **Contra o cristianismo**: a ONU e a União Europeia como nova ideologia. Campinas: Ecclesiae, 2014. p. 15-107.

SERRÃO, A. V. O adeus à essência: natureza, cultura e caráter na antropologia filosófica da época moderna. **Philosophica**, Lisboa, n. 15, p. 135-149, 2000. Disponível em: <http://repositorio.ul.pt/bitstream/10451/11819/1/o_adeus_a_essencia_2000.pdf>. Acesso em: 9 mar. 2018.

SILVA, D. G. da. Chesterbelloc e o distributismo. **The Distributist Review**, 1. Jan. 2016. Disponível em: <http://distributistreview.com/chesterbelloc-e-o-distributismo>. Acesso em: 9 mar. 2018.

SOUZA, J. A. de C. R. de; BARBOSA, J. M. **O reino de Deus e o reino dos homens**: as relações entre os poderes espiritual e temporal na Baixa Idade Média (da reforma gregoriana à João Quidort). Porto Alegre: EdiPUCRS, 1997. (Coleção Filosofia, v. 58).

TOMÁS DE AQUINO, Santo. **Suma teológica**. Tradução de Alexandre Correia. São Paulo: Odeon, 1936.

THOMAZ, L. F. F. R. Catolicismo e multiculturalismo. **Povos e Culturas**, Porto, n. 13, p. 379-429, 2009. Disponível em: <http://www.om.acm.gov.pt/documents/58428/182327/3_PI_Cap8.pdf/b17210f9-f197-4d7b-b103-eaa-5d915fc20>. Acesso em: 9 mar. 2018.

VENÂNCIO, M. A.; VIEIRA, G. D. O alvorecer de uma nova esperança: a ascensão do império persa e a libertação de Israel. **Rhema Revista de Filosofia e Teologia**, Juiz de Fora, v. 15, n. 48/49/50, p. 135-148, jan./dez. 2011. Disponível em: <https://seer.cesjf.br/index.php/RHEMA/article/view/148/pdf_17>. Acesso em: 9 mar. 2018.

VEYNE, P. O Império Romano. In: VEYNE, P. (Org.). **História da vida privada**: do Império Romano ao ano mil. São Paulo: Companhia das Letras, 2009. v. 1. p. 17-28.

VEYNE, P. **Quando nosso mundo se tornou cristão (312-394)**. Tradução de Marcos de Castro. 2. ed. Rio de Janeiro: Civilização Brasileira, 2011.

VIDE, S. M. da. **Constituições do arcebispado da Bahia**. São Paulo: Typographya 2 de Dezembro, 1853. Disponível em: <http://www2.senado.leg.br/bdsf/handle/id/222291>. Acesso em: 9 mar. 2018.

VISENTINI, P. F. **A Primeira Guerra Mundial e o declínio da Europa**. Rio de Janeiro: Alta Books, 2014.

WEIS,C.Osdireitoscivisepolíticos.In:LIMA,R.K.deetal.**Direitoscivis**.Disponívelem: <http://www.dhnet.org.br/direitos/novosdireitos/direitoscivis/weiss_direitos_civis_politicos.pdf>. Acesso em: 9 mar. 2018.

Bibliografia comentada

COMISIÓN TEOLÓGICA INTERNACIONAL. **Dignidad y derechos de la persona humana**. 1983. Disponível em: <http://www.vatican.va/roman_curia/congregations/cfaith/cti_documents/rc_cti_1983_dignita-diritti_sp.html>. Acesso em: 9 mar. 2018.

Documento da Comissão Teológica Internacional (órgão ligado à Sagrada Congregação para a Doutrina da Fé), que aborda a dignidade e os direitos da pessoa humana, sob a perspectiva da teologia católica.

COMISSÃO TEOLÓGICA INTERNACIONAL. **Comunhão e serviço**: a pessoa humana criada à imagem de Deus. 23 jul. 2004. Disponível em: <http://www.vatican.va/roman_curia/congregations/cfaith/cti_documents/rc_con_cfaith_doc_20040723_communion-stewardship_po.html>. Acesso em: 9 mar. 2018.

Documento da Comissão Teológica Internacional (órgão ligado à Sagrada Congregação para a Doutrina da Fé) que aborda a concepção antropológica da fé cristã. O texto trata desde os elementos bíblicos até as questões teológicas mais atuais.

COMISSÃO TEOLÓGICA INTERNACIONAL. **Em busca de uma ética universal**: novo olhar sobre a lei natural. 20 maio 2009. Disponível em: <http://www.vatican.va/roman_curia/congregations/cfaith/cti_documents/rc_con_cfaith_doc_20090520_legge-naturale_po.html>. Acesso em: 9 mar. 2018.

Documento da Comissão Teológica Internacional (órgão ligado à Sagrada Congregação para a Doutrina da Fé) que aborda a noção de lei natural como elemento importante na construção de parâmetros éticos universais.

COMPARATO, F. K. **Ética**: direito, moral e religião no mundo moderno. São Paulo: Companhia das Letras, 2006.

Estudo sobre a relação entre ética, moral e religião sob uma perspectiva histórica, observando como essas questões se desenvolveram na formação do mundo atual.

CONSELHO PONTIFÍCIO PARA A FAMÍLIA. **Sexualidade humana**: verdade e significado – orientações educativas em família. 8 dez. 1995. Disponível em: <http://www.vatican.va/roman_curia/pontifical_councils/family/documents/rc_pc_family_doc_08121995_human-sexuality_po.html>. Acesso em: 9 mar. 2018.

Documento do Conselho Pontifício para a Família que traz orientações da Igreja para a vivência e educação de assuntos relacionados à sexualidade.

DENZINGER, H. **Compêndio dos símbolos, definições e declarações de fé e moral.** Tradução de José Marino e Johan Konings. São Paulo: Paulinas; Loyola, 2007.

Compilação de documentos dogmáticos e orientativos da Igreja, organizada no século XIX. A edição das editoras Paulinas e Loyola é atualizada e contém documentos dos primeiros papas até o pontificado de João Paulo II.

DOIG K., G. **Direitos humanos e ensinamento social da Igreja**. São Paulo: Loyola, 1994.

Livro que trata da relação entre a Igreja Católica e os direitos humanos com uma abordagem histórica e exposição dos principais documentos da Igreja sobre a questão.

MAGNOLI, D. **Uma gota de sangue**: história do pensamento racial. São Paulo: Contexto, 2009.

Uma história crítica dos pensamentos racistas e das políticas de combate ao racismo em diversos contextos e localidades.

PONTIFÍCIO CONSELHO "JUSTIÇA E PAZ". **Compêndio da doutrina social da Igreja**. 2004. Disponível em: <http://www.vatican.va/roman_curia/pontifical_councils/justpeace/documents/rc_pc_justpeace_doc_20060526_compendio-dott-soc_po.html#APRESENTA%C3%87%C3%83O>. Acesso em: 9 mar. 2018.

Documento que sintetiza, de forma temática, os princípios norteadores da doutrina social da Igreja, trazendo referência a diversos documentos do Magistério eclesiástico.

RAMPAZZO, L.; SILVA, P. C. da (Org.). **Questões atuais de direito, ética e ecologia**. Campinas: Alínea, 2007.

Coletânea de artigos sobre ética, direitos humanos e ecologia nas questões atuais.

ROCCELLA, E.; SCARAFFIA, L. **Contra o cristianismo**: a ONU e a União Europeia como nova ideologia. Campinas: Ecclesiae, 2014.

Livro polêmico, que aborda de forma crítica as políticas de direitos humanos promovidas por setores da ONU e da União Europeia, que muitas vezes se chocam com os valores cristãos.

Respostas

Capítulo 1

Atividades de autoavaliação

1. c
2. d
3. b
4. c
5. b

Capítulo 2

Atividades de autoavaliação

1. b
2. a
3. d
4. a
5. d

Capítulo 3

Atividades de autoavaliação

1. d
2. a
3. b
4. a
5. d

Capítulo 4

Atividades de autoavaliação

1. b
2. a
3. d
4. c
5. a

Capítulo 5

Atividades de autoavaliação

1. c
2. b
3. a
4. d
5. b

Capítulo 6

Atividades de autoavaliação

1. c
2. c
3. b
4. a
5. c

Sobre o autor

Rafael de Mesquita Diehl, nascido em Porto Alegre, Rio Grande do Sul, em 1988, é professor e historiador. Doutor (2018), mestre (2013), bacharel e licenciado (2010) em História pela Universidade Federal do Paraná (UFPR), com pesquisa focada no pontificado do Papa João XXII (1316-1334), dissertação intitulada *O poder régio e suas atribuições no Speculum Regum (1341-1344) do franciscano Álvaro Pelayo, bispo de Silves (1333-1350)* e monografia intitulada *O processo de fortalecimento do poder régio no reinado de Fernando III o Santo em Castela (1217-1252) e Leão (1230-1252) inserido no contexto da Reconquista Cristã Ibérica*, respectivamente. Suas pesquisas têm como áreas de concentração história medieval e história da Igreja.

Impressão:
Abril/2024